Laher: Mozart Sohn sein

Sinfonia del Sig: Mro Wolfgango Amadeo Mozart figlio
Adagio
Violini
Viole
Flauti
Oboe
Fagotti
Trombone
Basso

Ludwig Laher

Wolfgang Amadeus junior: Mozart Sohn sein

Haymon-Verlag

Für L. und L.

Die Deutsche Bibliothek - CIP-Einheitsaufnahme

Laher, Ludwig:
Wolfgang Amadeus junior : Mozart Sohn sein ; Ludwig Laher. -
Innsbruck : Haymon-Verlag, 1999
ISBN 3-85218-304-9

Umschlag: Benno Peter unter Verwendung des 1825 von Karl Gottlieb Schweickart geschaffenen Porträts von W. A. Mozart Sohn

Satz und Gestaltung: Haymon-Verlag
Druck und Bindung: Wiener Verlag, Himberg

AM GRABE MOZARTS, DES SOHNES.

So bist du endlich hingegangen,
Wohin der Geist dich ewig zog,
Und hältst den Großen dort umfangen,
Der adlergleich zur Sonne flog.

Daß keiner doch dein Wirken messe,
Der nicht der Sehnsucht Stachel kennt.
Du warst die trauernde Zypresse
An deines Vaters Monument.

Wovon so viele einzig leben,
Was Stolz und Wahn so gerne hört,
Des Vaters Name war es eben,
Was deiner Tatkraft Keim zerstört.

Begabt, um höher aufzuragen,
Hielt ein Gedanke deinen Flug;
„Was würde wohl mein Vater sagen?"
War, dich zu hemmen, schon genug.

Und war's zu schaffen dir gelungen,
Was manchen andern hoch geehrt,
Du selbst verwarfst es, kaum gesungen,
Als nicht des Namens M o z a r t wert.

Nun öffnen sich dem guten Sohne
Des großen Vaters Arme weit,
Er gibt, der Kindestreu' zum Lohne,
Ein Teilchen dir Unsterblichkeit.

Der Name, dir ein Schmerzgenosse,
Er wandelt sich von heut' in Glück;
Tönt doch von Salzburgs Erzkolosse
Ein Echo auch für dich zurück.

Wenn dort die Menge sich versammelt,
Ehrfürchtig Schweigen a l l e bannt,
Wer dann den Namen M o z a r t stammelt,
Hat ja den deinen auch genannt.

Franz Grillparzer

Vorspiel

Nikolaus hätte ich heißen sollen, außer ich wäre ein Mädchen geworden.

Auf den sechsten Dezember war meine Geburt festgesetzt. Am siebten befielen meine Eltern Zweifel, ob dieser Name noch Sinn mache. Immerhin war ich noch immer nicht da. Am achten hofften sie auf ein Mädchen, am zehnten waren sie sich dessen sicher, gefühlsmäßig. Sie hatten ja keinen tauglichen Namen mehr für ein männliches Kind. Am elften war ich endlich soweit.

Jetzt hieß es handeln. Warum nennen wir ihn nicht doch Ludwig?, habe sie schließlich in ihrer Ratlosigkeit gemeint, erzählte mir meine Mutter später. Und mein Vater Ludwig strahlte, selbst hätte er sich nämlich nicht vorzuschlagen getraut, was ihm nun in den Schoß fiel, weil ich mich verspätet hatte: die erträumte Namensgleichheit.

Man kannte ihn. Er stand in der Öffentlichkeit. Mit seinen Orden spielte ich nach seinem Tod. Der kam früh und ich, ein Kind von sechs Jahren, war der Mann im Haus. Übernahm, kaum der Volksschule entwachsen, den Schriftverkehr mit Ämtern und Behörden, war mehr als nur der ältere Bruder für meine Schwester. Stand oft am Fuß des Grabes, auf dem auch mein Name stand. Steckte in den umgearbeiteten grauen und schwarzen Anzügen des Vaters. Wollte ich auch in seine Fußstapfen treten? Das fragte mich niemand außer ich.

Mein Freund hieß ebenfalls wie sein Vater. Der aber lebte noch damals. Seine Schulzeit hatte Franz im Stiftsinternat verbracht, und nun, zu Studienbeginn, steckte plötzlich ein geheimnisvolles H. zwischen Vor- und Nachname, nicht gedeckt durch den Taufschein. Die Nachfrage ergab, nichts anderes als das Wort Herrgott verstecke sich hinter dem Kürzel. Zwei Fliegen mit einer Klappe also, dachte ich und konnte Franz nur zu gut verstehen. Lange lebte auch sein Vater nicht mehr, und bald darauf verschwand auch das H. wieder.

Nur aus seiner Unterschrift ließ es sich nicht mehr tilgen.

Jedenfalls habe ich mein Mozartbuch niemals als Biographie empfunden, denn die Absätze bezeichnen weniger die Entwicklung des Themas als die verschiedenen Sichten auf ein nicht erschöpfbares Phänomen.

Wolfgang Hildesheimer

Vielleicht ist Wolfgang Amadeus Mozart auch noch nicht ganz tot, als sein Schüler am Abend gegen neun den vergilbten Körper mühselig aus dem Bett zerrt und vorsichtig auf den Fußboden legt. Viel steht auf dem Spiel für den jungen Mann. Trifft der Wundarzt oder gar jemand vom Hotelpersonal den verstorbenen Komponisten im Bett an, muß es bezahlt werden. Streng sind die Bräuche, und Ernst Pauer hat nicht genug Geld.

Ein paar Monate früher fühlt sich der großherzoglich badische Münzmeister bemüßigt, zur Ehre des Vaters eine Medaille zu schaffen. Für ihren Erhalt bedankt sich der Sohn artig. Darin hat er Routine, seit Jahren schon wendet er einen Gutteil seiner Zeit auf, Auskünfte über den Vater zu erteilen und sich für allerlei Biedermeiermozartramsch zu bedanken. Auf der Devotionalie prangt, wenig überraschend, Mozarts Porträt. *Ueber die Aehnlichkeit, kann ich leider aus eigener Erfahrung nicht urtheilen, da ich bey meines Vaters Tode, noch nicht fünf Monate zählte, glaube aber nach den vorhandenen Kupferstichen, daß Sie dieselbe ganz richtig aufgefaßt haben.*

Hartnäckig hält sich das Gerücht, der Kleine sei gar kein echter Mozart. Musikhistoriker und Schriftsteller vergleichen akribisch die Daten der väterlichen Reisen mit dem Geburtsdatum des Sohnes, rechnen zurück und wollen sich nicht abfinden damit, daß ein Baby zuweilen auch schon nach achteinhalb Monaten da sein kann. Franz Xaver heißt das Kind zu allem Überfluß am Anfang, ein Dutzendname damals, aber ein solcher Franz Xaver geht bei Mozarts als Hausfreund aus und ein. Die umtriebigen Amateurkriminalisten sind Wolfgang und Konstanze dankbar für den Wink mit dem Zaunpfahl im Taufbuch.

Im böhmischen Karlovy Vary wird kurz vor 2000 der junge Mozart wieder einmal umgebettet. Er soll zurück, fast an die Stelle, wo er ursprünglich gelegen ist, in seinen Park. Diesmal sind neugierige Forscher mit von der Partie, um die günstige Gelegenheit beim Schopf zu packen. Es herrscht gespannte Erwartung, die Wissenschaftler sind auf echte Mozartknochen scharf. Ein allerletztes Mal soll der Sohn mit dem Vater verglichen werden, diesmal genetisch. Im fernen Salzburg liegt nämlich unter der Glasglocke seit urdenklichen Zeiten ein Schädel herum, von dem heißt es in Abständen, er sei der auf allen Mozartkugeln abgebildete. Computertomographische, forensische wie anatomische Untersuchungsreihen indes haben keinen wirklich stichhaltigen Beweis für seine Authentizität geliefert. Das schmerzt. Die österreichischen Forscher im ehemaligen Karlsbad klammern sich nun daran, daß sein Sohn tatsächlich sein Sohn ist. Und daß was übrig geblieben ist von ihm, freilich nur zum Zweck, den mutmaßlichen Vaterkopf endlich dingfest zu machen. Fehlanzeige. Ein paar Schaufeln Erde wandern symbolisch mit dem Grabmal an den neuen alten Ort, von Wolfgang junior selbst findet sich keine Spur mehr. Den ewigen Vergleichen dürfte er sich körperlich endgültig entzogen haben.

Der Vater, ein manischer Sprachspieler, nennt ihn Wowi, aber nicht oft. Vier Monate hat er noch zu leben nach der Geburt des Kindes, und die sind wie gewöhnlich ausgefüllt. Nach einer langen Durststrecke geht es endlich wieder aufwärts. Er arbeitet an der Zauberflöte, schließt sie noch im Sommer ab. Kaiser Leopold der Zweite wird in Prag zum böhmischen König gekrönt werden, Mozart komponiert dafür den Titus und soll ihn auch selbst dirigieren. Konstanze reist ihm nach und läßt den Säugling in Wien zurück, kommt heim, fährt sofort nach Baden zur Kur. Die Schulden sind zwar noch lange nicht getilgt, aber die Einnahmen scheinen vorläufig gesichert. Die Auftragsbücher sind voll, Mozart soll ein Requiem schreiben, vorher noch eine Kantate für seine Freimaurerbrüder. Die dirigiert er Mitte November noch in der Loge, dann fällt er die ersten Male um, und bald ist Mozart tot wie vier seiner sechs Kinder schon länger. Irgendwo in einer Wiege liegt in dieser zweiten Jahreshälfte 1791 das neue Baby, eine Nebensache ist es, den Eltern kaum eine Erwähnung wert. Der Spitzname Wowi wird ihm bleiben, als eines von ganz wenigen persönlichen Andenken an den Vater.

Franz Xaver verliert seinen wirklichen Namen schon früh für, sagen wir, knapp zweihundert Jahre. Der Mutter genügt es nicht, daß der Zweijährige Mozart heißt, sie läßt ihn kurzerhand offiziell umtaufen. Ab jetzt ist er Wolfgang Amadeus, und Komponist wird er werden, beschließt sie, Wunderkind zunächst einmal, Humankapital, Einnahmequelle. Das Kind kränkelt und folgt brav, steht, fünf ist es jetzt, auf einem Tisch inmitten der Musiker und piepst herzig Papagenos Auftrittslied, behauptet tapfer, ein Vogelfänger zu sein, schließt aktuelle Gelegenheitsstrophen an, die ihm eingetrichtert wurden. Was es da trällert, kann es noch nicht verstehen. *Die Prager, die den großen Mozart bis zur Schwärmerei verehrten, wurden durch das Lallen des Kindes von wehmütigem Entzücken ergriffen und der Kleine brachte damals eine Wirkung auf seine Zuhörerschaft hervor, wie es ihm in der Folge vielleicht nie mehr gelungen. War diese Produktion wohl nur eine Schaustellung, so zeigte sie doch immerhin die Begabung des Kindes, die sich in einem richtigen musikalischen Gehör und einem guten Gedächtnis offenbarte.* Für ein Jahr parkt Konstanze auch den kleinen Wolfgang in Prag, wo sein älterer Bruder seit langem bei Bekannten aufwächst, während die Mutter meist auf Reisen ist und ihren Geschäften nachgeht.

Der junge Mozart ist nicht mehr wirklich jung, als er auf Lord Byrons 1811 in Athen verfaßtes Gedicht *Erinnerung* stößt und es vertont. Das ist wohl zu einer Zeit, als er längst darauf verzichtet, ein Lebenswerk schaffen zu wollen, das Erwartungen, gar Forderungen entspricht, als er sich längst nicht mehr ernsthaft abmüht, seine Arbeiten publiziert zu wissen, zu einer Zeit ohne Opuszahlen und Aufführungsnachweise. Wenn er jetzt überhaupt noch etwas komponiert, dann oft ohne Rücksichten auf andere als sich selbst und so selten wie nötig. Der langsam in die Jahre gekommene junge Mozart, zeitlebens ein Mann von schwächlicher Statur, wird sich beim Lesen des Textes erinnert haben, wie er, drei Jahre jünger als der britische Dichter, als Kind vorgeführt, bloßgestellt, dann wieder achtlos zur Seite geschoben wurde, welch immenser Druck auf ihm lastete, was er alles nicht spüren dürfen sollte, wie anfällig er war für jegliche Krankheit. Er wird sich erinnert haben, wie er, je länger er lebte, desto unentrinnbarer sich im unsichtbaren Netz verfing, das die Mutter vorgeblich im Namen des Vaters über ihn geworfen hatte, bis ihm die Luft zum freien Atmen ausging. Bilden wir uns Mozarts Vater als Adressaten von Byrons wehmütigen Zeilen ein, dann wird dieses Lied zum ebenso kurzen wie präzisen Dokument einer letztlich ausweglosen Beziehung zwischen lebendem Sohn und totem Übervater: *Du Gegenstand bekämpfter Schmerzen, / Dich, und die Liebe nahm man mir, / Doch die Verzweiflung tief im Herzen / Zu mildern, blieb dein Bildniss hier. // In meinem Herzen fand ich nimmer, / Dass Trauer ende mit der Zeit, / Als mir die Hoffnung schwand auf immer, / Ward die Erinn'rung Ewigkeit.*

Mit sieben trägt der Kleine, wenn er halbwegs gesund ist, in Gesellschaft Vaters Klaviersonaten vor. In den besseren Kreisen Wiens muß man Konstanze und ihren Wolfgang eingeladen haben, das befriedigt die Neugierde und gehört zum guten Ton. Schließlich, so heißt es offiziell zur Begründung, und das Kind wird sich diese seltsame Annäherung an seine künstlerische Existenz bis ans Lebensende ohne Unterlaß anhören müssen, schließlich ehre man in der Gestalt des Sohnes den verblichenen Vater. Als zurückhaltend, sanft, ruhig wird der Knabe von Zeitgenossen beschrieben: in sich gekehrt. Er weiß sich zu benehmen, kindliche Umtriebigkeit hingegen macht ihm ordentlich Angst, er hält sich lieber unter Erwachsenen auf, dort kennt er sich wenigstens aus, auch wenn er sich meist zu Tode langweilt. Außerdem läßt die Mutter nicht jeden an ihn ran, der dem jungen Mozart sympathisch ist, mit dem er sich gar aussprechen könnte, Strategien entwickeln gegen das imaginäre Gefängnis, als er alt genug dafür wird.

Mit fünfzehn noch muß er Verbündete gewinnen, an die seine Privatpost adressiert werden soll. Die Mutter gestattet ihm nicht, Briefe von Leuten zu empfangen, die ihr ein Dorn im Auge sind.

Das Doppelporträt der beiden Kinder. Sechs, sieben sei er damals gewesen, erklärt der junge Mozart Jahrzehnte später den Gästen das Bild in Konstanzes Salzburger Wohnung. Eng umschlungen, die Köpfe einander zugeneigt, vermitteln Karl und Wowi den Eindruck brüderlicher Vertrautheit und Nähe. In Wahrheit beschränkt sich ihr bewußt gemeinsam mit der Mutter verbrachtes Familienleben auf wenige Monate. Der ältere Karl blickt sinnend ins Leere, Wolfgang in der himmelblauen Kindergarderobe schaut nachdenklich direkt den Betrachter an. Mit diesem Ölgemälde läßt sich, je nach Standpunkt, vieles belegen, es zeigt fast jedem, was er sehen will: dem einen die rührende Familienidylle im Hause der jungen Witwe, dem anderen die bedrückende Melancholie Nachgeborener. Nur Wolfgang Hildesheimer wird herb enttäuscht, ganz Detektiv, sucht er im Gesicht des kleinen Wowi physiognomische Merkmale Franz Xaver Süßmayrs und findet sie nicht. Heute hängt das Bild mit den bekannten Mozartporträts, vor allem jenem unvollendeten, von Konstanze am meisten geschätzten, das Schwager Lange gemalt hat, im Museum in Mozarts Geburtshaus. Szene im Souvenirshop: Die allgemein gehaltene Frage, ob sich hier auch etwas erwerben ließe, das mit Franz Xaver, dem jüngsten Sohn Mozarts zu tun habe, wird bejaht. Man habe eine Postkarte mit dem beliebten Doppelporträt der beiden Kinder anzubieten, da drüben irgendwo zwischen den anderen Karten mit Mozartbildern. Gibt es auch eine Reproduktion jenes Gemäldes, das im dritten Stock des Museums schräg gegenüber dem Kinderbild hängt und den jungen Mozart im Alter von vierunddreißig Jahren zeigt? Nein, gibt es nicht. Platteneinspielungen? Nein, nur von Mozart selbst. Aber die zwei Kinder, die werden wirklich gern gekauft.

Als Zwölf-, Dreizehnjähriger spielt er längst auch Eigenes vor erlesenem Publikum. Girolamo Crescentini, der letzte große Kastrat, will wie die meisten Zuhörer zunächst gar nicht glauben, daß vor allem die langsamen, intimen Sätze tatsächlich von dem Kind stammen sollen, das da vor ihm am Fortepiano sitzt. Dem ehrgeizigen Klavierbauer Streicher, einem der zweifelhaften Mentoren des Knaben Wolfgang, genügt diese so beeindruckende öffentliche Probe der Fertigkeiten seines Schützlings allerdings noch lange nicht. *Nach dem Konzert forderte er den jungen Mozart auf zu extemporieren, damit die Zuhörer eine Vorstellung von seinem Talent hätten. Mozart versicherte, daß er das nicht könnte und brach sogar in Tränen aus, aber Streicher, der seine Begabung besser kannte als er selbst, bestand darauf, daß er sich bemühe und gab ihm als Thema das schöne Menuett seines Vaters aus „Don Giovanni". Der Knabe setzte sich endlich an das Klavier und blies die Lichter aus, um zu zeigen, daß er keine Notizen hatte, die ihm hätten helfen können, und improvisierte zur Verwunderung und zum Entzücken aller Anwesenden die meisterhaftesten und bezauberndsten Variationen auf das Thema, das ihm so unerwarteterweise vorgelegt worden war.* So liest es sich jedenfalls in den peniblen, wohl seriösen Aufzeichnungen eines englischen Mozartenthusiasten, der fünfundzwanzig Jahre nach dem Ereignis mit Streicher darüber spricht und auch mit dem jungen Mozart selbst bekannt ist.

Erinnerung, 1829 in der Beilage zur Wiener Zeitschrift veröffentlicht, sei eine seiner tiefgefühltesten, in ihrer Schlichtheit und Größe des Vaters würdige Komposition, heißt es mehr als fünfzig Jahre nach des jungen Mozart Tod in einem der äußerst seltenen Zeitschriftenartikel über ihn. Zwei Unglückliche, Byron und er, seien sich in diesem Werk in die Arme gefallen, um miteinander zu weinen, der Dichter im Verzweiflungsrausch des verschmachtenden Himmelsstürmers, der Musiker als vom Strahlenglanz der Vatergröße verlöschtes Künstlerherz. Diese Deutung hat trotz allem zeitbedingten Pathos manches für sich. Im englischen Original steht übrigens nicht *Erinnerung* über den beiden kurzen Strophen, sondern zutreffender: *Zeilen, unter einem Bildnis geschrieben.* Und so ist es auch, das perfekte, das unverrückbare Bild des Vaters sitzt, da nützt alles Schmerzbekämpfen nichts, schon dem Jüngling im Nacken, es krallt sich fest und geht ewig nicht weg.

Wer aber war der Vater hinter dem Bild? Was will die Mutter wirklich? Heißt ihm nachstreben ausschließlich möglichst viel Einmaliges komponieren, ein bedeutender Pianist werden? Gut, aber der Mensch, der sein Vater war, er muß wohl mehr gewesen sein als das. Heißt es so erfolgreich werden wie er? Er hat immerhin nur Schulden hinterlassen. Gar seiner Persönlichkeit so ähnlich werden, wie's nur irgend geht? Wie war die denn, zum Teufel? Konstanze konnte offensichtlich lange schon nichts mehr anfangen mit ihrem Mann im Alltag, man ging zumeist getrennte Wege. Er muß schwierig, extravagant gewesen sein, unberechenbar, kaum auszuloten, *beredt nur in der Ablenkung und vielsagend nur in seinem Werk, das er durchweg von anderen Dingen sprechen läßt als von seinem Schöpfer.* Als großen Schweiger hinter den Wort- und Notenschwällen sieht Wolfgang Hildesheimer ihn heute, mit Recht wohl, was aber erzählen sie Wowi, getraut er sich denn überhaupt, Fragen zu stellen? Soll er eine synthetische Legende werden, einer, wie die Mutter den Vater gern gehabt hätte?

Andreas Streicher zerbricht sich im Jahr der Publikation des Byron-Liedes den Kopf über Wolfgangs Ausscheren, seine Verweigerung nach glänzendem Beginn. Streicher nennt es Untätigkeit und Trägheit. Ungeniert geriert sich der renommierte Klavierfabrikant dabei als pränataler Psychologe und macht natürliche Ursachen für die im Sande verlaufene Karriere verantwortlich. Schon vor der Schwangerschaft sei Konstanze bekanntlich indisponiert gewesen, ihr Zustand habe sich danach nicht wesentlich gebessert, und unter denselben Umständen von Schwäche und Krankheit sei sie schließlich niedergekommen. Daß auch nachher etwas falsch gelaufen sein könnte, räumt Streicher nur indirekt ein, wenn er im Rückblick meint, trotz seiner vollkommenen Begabung hätte man den jungen Mozart besser zum Landwirt erziehen sollen.

Lange haben sie einander nicht gesehen, da begegnet Wolfgang Amadeus Mozart Sohn, ein Endzwanziger ist er mittlerweile, Konstanze im fernen Kopenhagen wieder. Dort hat sie sich mit ihrem zweiten Mann niedergelassen, dem ehemaligen dänischen Legationsrat in Wien Georg Nikolaus Nissen. Ihre unerwartete Zuneigung tut Wolfgang gut, sie scheint endlich eingesehen zu haben, daß es nichts werden wird mit der idealisierten Kopie des Vaters. *Alles vergangne ist vergessen,* bildet er sich für den Moment ein, *sie ist mir eine liebende, zärtliche Mutter geworden, was sie wohl immer war, mir aber nicht zeigen wollte.* Eine merkwürdige Formulierung ist das. Rückt hier jemand aus Harmoniebedürfnis sein schwer beschädigtes Bild von der Mutter zurecht? Warum sollte Konstanze keine liebende, keine zärtliche Mutter gewesen sein wollen, wenn sie es innerlich doch war? Wäre dann aus dem geplanten Wunderkind Wolfgang Amadeus Sohn nur ein gewöhnliches Kind geworden mit Namen Franz Xaver, Beamter vielleicht der k. k. Staatlichen Lombardischen Buchhaltung in Mailand wie der Bruder Karl? Ein glücklicherer Mensch?

Wolfgang das Kind hat keine realistische Chance. In seinem Stammbuch wird es von unzähligen Wohlmeinenden abgemahnt, die Unsterblichkeit des Vaters dadurch zu beweisen, daß er in ihm fortlebe. Gott möge ihm den Geist des Vaters verleihen, meint der eine Unterfertigte, und der andere empfiehlt nachdrücklich, das Kind möge doch seinem künstlerischen Werden gefälligst selbst den Geist des Vaters einhauchen. Die passende Zauberformel dazu verrät ihm freilich niemand. Seine Mutter hält vom Hauchen jedenfalls wenig, sie steckt den Rahmen überdeutlich ab und stellt dem Zehnjährigen zu den Geistern gleich auch die Rute ins Stammbuch: *Ein Kind das seine Eltern kränkt, / Das wider sie auf Böses denkt, / das nicht der Eltern Segen sucht / Wird öffentlich von Gott verflucht / Erschrecklich wird sein Ende seyn / Es rennt in Schmach und Qual hinein. / Dies zur Wahrnung meines lieben Wowis von seyner ihn zährtlich liebent Mutter.* Wolfgang das Kind hat keine realistische Chance.

Der Kleine besitzt Talent, ziemlich viel Talent sogar,

darin sind sich die Förderer einig. Aber ist ziemlich viel genug im Vergleich zum Talent des Vaters, wird er durchgehen als Reinkarnation? Frühe Kompositionen für den Hausgebrauch entstehen, ein Rondo ist als Handschrift erhalten. Das Kind ist erst elf, als sein Quartett für Klavier und Streicher als Opus eins bei Steiner in Wien gestochen wird. Ein erstaunliches Debüt. Die pianistischen Fähigkeiten des Knaben stehen von Anfang an außer Frage, aber hat nicht auch der Vater ein g-Moll-Quartett geschaffen, und wer würde die Ähnlichkeit zwischen beiden verkennen wollen? Das liebste Spiel der Rezensenten beginnt schon früh. Alle werden sie vergleichen, bis es Mozart schließlich reicht, alle werden sie zwar sagen, aber auch aber.

Das ist der wesentliche Unterschied zum Vater, von der Begabung, wer will sie exakt messen, einmal abgesehen. Leopold Mozart kannte keinen Pardon, jedes Jahr legte er dem kleinen Wolfgangerl die Latte ein paar Zentimeter höher, und der sprang, da blieb einem der Mund offen. Aber bald schon spürte, wußte der Kleine im Gegensatz zur Schwester, sein Vater war von ihm letztlich mindestens so abhängig wie umgekehrt. Das profitorientierte Unternehmen Mozart und Sohn stand und fiel mit seinem Genie. Und kein Zuhörer, kein Berichterstatter kam auf die Schnapsidee, unermüdlich künstlerische Vergleiche zwischen Vater und Sohn ziehen zu wollen. Im Gegenteil: Leopold hörte fast ganz auf zu komponieren und wurde Manager der Kinder. Unersetzlich zunächst, erwies er sich mehr und mehr entbehrlich mit der Zeit. Dafür aber hatte er kein Sensorium, er mischte sich weiter ein, wurde zum Ärgernis für den Sohn. Die Waage hatte sich geneigt, und eines Tages, da mochte der Vater noch so dominant sein, war er weg vom Fenster. Nicht zu vergessen, als Leopold Mozart starb, war er wirklich tot, der Sohn erwähnte ihn nach Regelung der Erbschaft in seinen Briefen nie mehr. Das ist, zugegeben, eine spannende Geschichte, und viele haben bis zum heutigen Tag etwas gesagt dazu, Kluges und weniger Kluges geschrieben, das Verhältnis der beiden zueinander analysiert, Psychogramme gezeichnet, soweit das für Menschen des achtzehnten Jahrhunderts möglich ist. Für den neuen jungen Mozart dagegen bleibt der Vater ein ungreifbarer Verbündeter, ein schemenhafter Gegner, ein gemaltes Bild an der Wand. Da kann er sich noch so schwer machen, so gewichtig auftreten, die Waage läßt sich nichts anmerken. Dieser Vater ist sakrosankt, er zuckt nicht einmal mit der Wimper, wie Leopold es oft tat in seinen späten Jahren, wenn er sich nichts anmerken lassen wollte. Gegen diesen Vater kann man sich beim besten Willen nicht durchsetzen, und man bringt ihn auch nicht weg.

Mit knapp dreißig, auf dem kurzen Höhepunkt seiner Karriere, gastiert Wolfgang Amadeus Mozart junior in halb Europa. Wenn er nicht auf Achse ist oder selbst spielt, verbringt er die meisten Abende in Theater und Konzert, folgt er zahlreichen Einladungen der besseren Gesellschaft. Zu Besuch bei Abraham Mendelssohn in Berlin, dem Sohn des populären Aufklärers Moses, gelangt seine Sonate op. 19 für Klavier und Violoncello im Salon zur Aufführung. Im Anschluß daran wird Mozart Zeuge, wie das elfjährige Kind des Hausherren, Felix heißt es, selbst in die Tasten greift: *Auch der kleine Mendelsohn gab uns eine sehr schwere Sonate, seines Lehrers H Ber-*

ger, zum Besten; und ich muß gestehn, daß es Schade wäre, wenn dieser Knabe, durch übertriebenes Lob verdorben würde. Er hat ausserordentliches Talent. Diese Worte notiert der beeindruckte Gast noch selbigen Tages vor dem Schlafengehen ins Tagebuch, und er weiß aus eigener Erfahrung nur zu genau, wovon er schreibt. Vom Hausherrn ist übrigens der bezeichnende Satz überliefert: *Erst war ich der Sohn meines Vaters, nun bin ich der Vater meines Sohnes.*

Wir waren alle einmal elf. Was haben wir gedacht damals, was tat uns weh, wonach stand uns der Sinn? Und wie gaben wir dem Ausdruck, was da war in uns? Wir waren keine Wunderkinder, aber dieses Wort will ohnehin nicht bezeichnen, daß da wer als Kind schon eine meisterliche Form gefunden hat, einen bestechenden Ausdruck für das, was vorgeht in ihm, in ihr, was er, was sie einzubringen hat als Vorschläge so früh im Leben. Wunderkinder waren die Heintjes, haben wir gelernt, Goldkehlchen im doppelten Wortsinn, die alle schrecklichen, alle abgründigen Projektionen der infantil schweigenden Erwachsenenmehrheit tapfer mit sich herumschleppten, als Wort- und Klangmüll in Wunschkonzertendlosschleifen ausspuckten und nicht erwachsen werden durften, denn scheiden, scheiden tut so weh, Mama. Was hören wir also, wenn wir Mozarts sechste Sinfonie, KV 43, oder seines Sohnes Quartett, op. 1, hören? *Eine Familie namens Mozart* heißt die CD, auf der Kompositionen, die Leopold und Wolfgang als Erwachsene schufen, das Werk des elfjährigen Juniors beigefügt ist, Einfälle eines Kindes sind das. Nicht der leiseste Hinweis auf diesen Umstand findet sich in der Beilage zur Schallplatte. Hören wir es sofort? Was ist uns diese Musik? Unausgegoren? Virtuosität ohne Tiefgang? Hören wir die heraus, die Pate standen? Und wenn, was heißt das? Oder sind wir erstaunt, daß einer mit elf uns ansatzlos ein Adagio auftischt, das so dunkel daherkommt, so ernst, ein paar sphärische Takte enthält, die Schubert vorwegzunehmen scheinen? Schreckt es uns? Sind solche Kinder heute noch denkbar? Sind solche Kinder noch Kinder? Finden wir Ergötzen an ihrem Mißbrauch?

Die Legende Joseph Haydn wird dreiundsiebzig. Konstanze begreift so etwas als Chance. *Mit innigstem Danke für die Willfährigkeit großmüthiger Gönner gebe ich mir die Ehre, dem verehrungswürdigen Publicum anzukündigen, daß mein 13jähriger Sohn, Wolfgang Gottlieb Mozart, am 8. April eine musicalische Academie halten wird. Er versuchte zu diesem Ende seine Kräfte an der Composition einer Cantate auf den 73sten Geburtstag des Herrn Capellmeisters Joseph Haydn, überzeugt, daß er seine Laufbahn nicht würdiger als mit der einem so großen Muster schuldigen Huldigung eröffnen könnte. Möchten nachsichtsvolle Kenner in den Bemühungen des Sohnes einige Spuren des väterlichen Talents entdecken! Stäts soll es mein eifrigstes Bestreben bleiben, den Namen Mozarts in seinen Nachkommen in ehrenvollem Andenken zu erhalten.* Das Theater an der Wien ist natürlich ausverkauft, die Konstellation einmalig: ein alt gewordener Held und ein Phönix, frisch aus der Asche. Sowas muß einfach ziehen. Das Publikum ist ziemlich, Haydn zu Tränen gerührt. Der kleine Mozart am Hammerklavier beginnt mit einer Komposition des Vaters. So wird er es in unzähligen Konzerten bis zu seinem Tod halten, die eigenen Arbeiten treten selbstverständlich zurück. Es folgen die Kantate auf Haydn, dann Mozart-Ouverturen, -Arien, ein -Quartett etc. Das Publikum tobt, holt Wolfgang mehrmals vor den Vorhang. 1700 Gulden betragen die Einnahmen, eine unerhörte Summe. Konstanze kann zufrieden sein. Mit dem Geld lassen sich Schulden abtragen, ein Teil wird zur Seite gelegt, um Wowis weitere Ausbildung zu finanzieren, auch wird er selbst ab sofort Stunden geben und mitverdienen müssen. Der Name Wolfgang Amadeus Mozart ist wieder in aller Munde, bis nach Leipzig und Berlin dringt in der Fachpresse die Kunde von der gelungenen Haydn-Akademie.

Karl, sieben Jahre älter als der Bruder, ist gerade noch davongekommen, auch im geographischen Sinne. Das Gymnasium besucht er in Prag, bricht es jedoch ab und beginnt in Livorno eine Handelslehre, ihm schwebt vor, später einen Klavierhandel aufzuziehen. Der Musik bliebe er auf diese Weise mittelbar verbunden, ohne mit dem Vater in Konkurrenz treten zu müssen. Bald sieht er allerdings ein, das Kapital für so ein Unternehmen würde er nicht zusammenkratzen können, und endlich fängt er in Mailand mit zwanzig zur gedämpften Freude der Mutter doch noch ein Musikstudium an. Sie zweifelt mit einigem Recht an seiner Konsequenz und warnt auch ihn unverblümt, keiner von Mozarts Söhnen dürfe sich mit Mittelmaß bescheiden. *Über dies muß ich dir sagen daß Du an Deinem Bruder einen starken Revalen hast, dem wirs freilich nicht gestehen, um ihn nicht stolz zu machen, und um seinen fleiß zu vermehren.* Derlei Aufmunterungen tragen das ihre dazu bei, daß Karls Eifer noch schneller erlahmt. Als Konstanze Wind davon bekommt, setzt sie alles daran, ihn zurück nach Wien zu holen, als Theatermusiker würde sie ihn über Vermittlung eines Bekannten auch ohne Abschluß unterbringen, und fertigstudieren könne er auch daheim. Karl jedoch sträubt

sich mit Händen und Füßen, möchte unter allen Umständen Distanz wahren, wird schließlich ein gewissenhafter Buchhalter und bleibt über fünfzig Jahre bis zu seinem Tod in der Gegend von Mailand. Er hat dort ein Kind, das tatsächlich Konstanze heißt und früh stirbt, heiratet nie und endet in bescheidenem Wohlstand als unauffälliger pensionierter österreichischer Besatzungsbeamter.

Wowi jedenfalls darf auf keinen Fall entkommen. Bald nach der Übersiedlung ihres Älteren nach Livorno errichtet die Mutter eine neue Front gegen mögliche Ausbruchsversuche des Kleinen. Daß Wolfgang von drei Kapazundern seiner Zeit, Salieri, Albrechtsberger und Hummel, gediegene Ausbildung erhält, genügt ihr nicht. Er komponiere zu wenig, wenn man ihn nicht zwinge, schreibt sie an Karl. *Thue mir einmahl den gefallen und frage in einem brief da du weist daß wowi noch ietz die 3 großen Meister hat, ob er den auch fleißig ist und nutzen von ihnen suchen wird zu zihen, welches nur dadurch geschehen kann wen er fleißig c o m p o n i r t und frage ihn wie viele stücke er das jahr durch c o m p o n i r t, und ob er auch brav sich im instrumentiren übt, sage ihm was du alles thuen würdest, wen du so glücklich wärst ihr schüler zu seyn.* Karl, das steht fest, ist glücklich, nicht ihr Schüler zu sein. Den Beruf des Genievaters zu ergreifen, hält er, vom kurzen Mailänder Rückfall abgesehen, für lebensbedrohend. Seine und des Bruders Talente schätzt er gering und entzieht sich damit von vornherein allen Forderungen, Ansprüchen, Vergleichen. Einigermaßen sarkastisch meint er einmal, zwar hätten die Brüder angesichts des väterlichen Ruhms *in pecuniärer Hinsicht* nur wenig geerbt, aber doch noch wesentlich mehr als an Talenten, und auf die Frage, ob es ihm nicht leid tue, daß mit den Söhnen die Familie erlösche, reagiert der Greis gelassen: Wenn sich Talent vererben ließe, wäre es freilich schade, so aber, und dabei denkt er auch an den schon begrabenen Bruder, so aber sei das Aussterben nicht weiter von Belang.

Wie ist das nun wirklich mit diesem Wowi? Was steckt tatsächlich in ihm? Stellt Karl auch das Licht des kleinen Bruders unter den Scheffel, um Distanz zwischen sich und den Vater zu legen, ein normales, unbelastetes Leben führen zu können? Legt ihm der Ältere nahe, sich gleichfalls abzuseilen? Oder beißt den Letzten ganz selbstverständlich die Meute, mit der, nach Mutters Vorstellung, auch Karl bei jeder nur denkbaren Gelegenheit brieflich heulen soll? Wolfgang sitzt noch in Wien und muß weiter so allerhand über sich ergehen lassen. Emanuel Schikaneder packt seinen ausgestreckten Zeigefinger in ein langes, pathetisches Poem, mit dem wendet er sich direkt an das Kind: Säße er auf einem Fürstenthron, so würde er dem Sohn des größten Künstlers, der je gelebt, ein Geschmeide von Diamanten senden. Als Vorschuß gewissermaßen. Die Erwartungen sind hoch, Eifer, Mühe, Fleiß angesagt, von Schweiß gar nicht zu reden. *Dich schrecke nicht / Des Neides Tadel, höher dich zu schwingen, / Noch blende dich das falsche Licht / Des übertriebnen Lobs, und wähne nicht, / Du hättest schon zum Ziel gehoben dich! Noch weit hast du dahin! / Und weiter wird es immer von dir weichen, / Anstatt stets dir zu nahn, willst du dich nicht bemühn / Des Vaters großes Vorbild zu erreichen. / Wie du es kannst, das lehren dich die Werke, / Die er dir hinterließ: O lese f l e i ß i g sie! / Denn jede Note ist ausdrucksvoll, – die Stärcke, / Die Zauberkraft der Harmo-*

nie, / Das Schmelzende der sanften Melodie, / Die er entlehnt den hohen Engelchören, / Wer kann es besser dich, als dieser Meister lehren? Jede einzelne Note des Vaters soll er also fleißig lesen und das Vorbild am Ende tunlichst erreichen. Ein Angebot, Musiker zu werden und glücklich, ist das freilich nicht. W. A. Mozart muß er werden und zwangsläufig unglücklich.

Joseph Richter hat, wen wundert's, auch schon Wind von dieser Mozartneuauflage bekommen. Seine volkstümlich gehaltenen, aufklärerisch angehauchten, immens populären Eipeldauerbriefe erscheinen seit zwanzig Jahren als Hefte und unterhalten die Wiener mit dem neuesten Klatsch aus nah und halbfern. Die Begeisterung des Publikums über vom Kind Mozart vorgetragene Klavierphantasien kommentiert Richter eindeutig zweideutig: Kenner, die sich auf die Musik und das Phantasieren verstehen, rechnen damit, daß der Kleine den Vater nahtlos ersetzen würde. Phantastische Aussichten also für den Sohn.

Es darf als allgemein bekannt vorausgesetzt werden, welch verhängnisvolle Folgen die Verwechslung des Knollenblätterpilzes mit, sagen wir, Parasol oder Feldchampignon nach sich zieht. Sterben kann man an dem Genuß eines solchen Gerichts. Der junge Mozart hält nicht, was er versprechen muß, gibt sich die Nachwelt enttäuscht überzeugt. Und dann zu allem Überdruß diese verflixte Namensgleichheit. Da muß man erst tief im zwanzigsten Jahrhundert draufkommen, daß auch Wolfgang Amadeus Mozart Sohn als kleines Kind mit ungelenken Buchstaben einfache Sätze kritzelt wie sein Vater und alle anderen. Daß er bloß der Junior ist, unterschlägt dummerweise seine kindliche Unterschrift. So kann der Bengel sich sogar einschmuggeln in die Briefausgabe des großen, des echten, des wahren Mozart. Lästig wird so manchen Mozartianern mit der Zeit der Name dieses Nachkommen, für den er nichts kann. Riemanns Musiklexikon von 1892 sollte zum Standardwerk werden und schleppt durch viele Auflagen eine eindringliche Warnung mit sich, bevor die Herausgeber sich entschließen, den jungen Mozart überhaupt zu tilgen: *Seine Werke sind nicht von Bedeutung und dürfen nicht mit solchen des Vaters verwechselt werden.* Wie bei den Pilzen, nur weitaus bedrohlicher stellt sich die Situation dar: Denn der Knollenblätterpilz hat sich ohne eigenes Zutun in Feldchampignon umtaufen lassen.

Der junge Mozart gibt sich fleißig, übt, komponiert. Fünfzehn ist er und langsam alt genug, die andere Seite der Medaille zu begreifen: Wolfgang Amadeus Mozart ist immerhin ein eingeführter Markenname. Die Mutter zieht weiter die Fäden. Es genügt ihr nicht länger, daß seine Arbeiten überhaupt erscheinen, sie müssen in entsprechendem Umfeld, folglich in ersten Verlagshäusern veröffentlicht werden. Freimütig und zugleich professionell bekennt das große Kind, es hätte sein letztes Werk für zwölf Golddukaten in Wien verkaufen können, indes, die Mutter läßt es nicht angehn, und so bietet Wolfgang es ihrem Wunsch gemäß dem Verlag André in Offenbach an. Zum gleichen Preis. Salieri bescheinigt im Abschlußzeugnis wörtlich, bei entsprechendem Fleiß werde Mozarts Erfolg um nichts geringer sein als der des Vaters. Ein kalkulierter Racheakt am Sohn des einstigen Rivalen? In rascher Folge werden jetzt seine Arbeiten publiziert, darunter zwei Sonaten,

Klaviervariationen, Stücke für Flöte und Hörner. Bald schon steht Mozart in Verhandlungen mit Breitkopf & Härtel, dem führenden Musikverlag in Deutschland. Der hat nach des Vaters Tod die erste Gesamtausgabe seiner Werke in Angriff genommen. Mit Konstanze steht man seit Jahren in Geschäftsverbindung. Wolfgang schickt ein Paket nach Leipzig, sein erstes Konzert für Klavier und Orchester in C-Dur, das Opus 14.

Die meisten Jugendwerke widmet er, wenigstens nach außen hin und gut möglich auf ihren nachdrücklichen Vorschlag, seiner lieben Mutter und dem noch inoffiziellen Stiefvater zu Namens- und Geburtstagen. Sogar eine der väterlichen Opern erweitert Wolfgang bei solcher Gelegenheit um eine Arie. Ein gutes Zeichen eigentlich, immerhin getraut er sich, Hand an die abgeschlossene Arbeit des genialen Vaters zu legen und durch seinen Einschub zumindest einen technischen Verbesserungsvorschlag zu machen. Im *Schauspieldirektor* hat der Schauspieler Buff nämlich nur ein paar Takte im Schlußgesang beizutragen, sagt er sich unverkrampft und schafft kurzerhand Abhilfe. Jahrzehnte später wird Konstanze in ihrer Kommode kramen, um englischen Besuchern die Handschrift eines Mozartmenuetts zu zeigen, von dem soeben die Rede war. Das Stück ihres Mannes findet sie nicht, doch stößt sie zufällig auf die Nissen zugeeignete Partitur des Sohnes *zur Einschaltung in den Schauspieldirektor, Operette von Mozart dem Vater*. Es ist die einzige derartige Komposition des jungen Mozart geblieben. Trotzdem schenkt die Mutter ohne Zögern die elf Seiten Autograph ihren Gästen. Jetzt liegt dieses nach dem Urteil seines neuen Besitzers meisterhaft instrumentierte kleine Werk voller komischer und dramatischer Effekte im British Museum. Opernregisseure, die den ohnehin vielbearbeiteten, schon 1846 mit einem neuen Libretto versehenen Schauspieldirektor inszenieren, wollen bis heute nichts davon wissen, heißt es. Einzig in Tokio leistet man sich die kleine Weltpremiere.

Den Sohn vorschnell als musikalischen Vaterimitator abzutun, dazu besteht jedoch überhaupt kein Anlaß. Eine sehr authentische Schwermütigkeit, echt gefühlt heißt das wohl damals, liegt früh schon über jene größeren Kompositionen gebreitet, die der junge Mann nicht bloß als Gelegenheitsarbeiten und auf Verlangen zu Papier bringt. So ist die Besprechung einer raren Aufführung von Werken Mozarts des Sohnes in Salzburg im Jahre 1998 mit einer vielsagenden Anspielung übertitelt: *Ein Schubert aus dem fernen Lemberg in der Westukraine?* Wenigstens hat Wolfgang das bescheidene Glück, seine wichtigsten Sachen knapp vor dem sechs Jahre jüngeren Kollegen geschrieben zu haben. Epigone ist er jedenfalls keiner, auch wenn der ursprüngliche Wortsinn dies nahezulegen scheint. Was ihm fehlt, fehlen muß, ist die übermenschliche Kraft zum Schattensprung. Das Ohr aber bleibt stets in die Zukunft gerichtet. Noch am Ende seines Lebens kümmert er sich intensiv um die jüngsten, die modernsten tonschöpfenden Zeitgenossen, wenn ihre Musik ihm zusagt. Wahrscheinlich eines der ersten Wiener Konzerte, in dem es Kompositionen von Chopin zu hören gibt, veranstaltet nicht zufällig drei Jahre vor seinem Tod der Polen besonders verbundene junge Mozart. Immer noch wird er allgemein so genannt.

Weggehen versteht sich von selbst. Aber dorthin? Seine Lehrer sind eine ausgezeichnete Visitenkarte, sein

Name ist ein Trumpf. Auch steht er bereits geraume Zeit in der Öffentlichkeit, an die zwanzig Opera sind im Werkverzeichnis aufgelistet, und er ist erst siebzehn. Die Besprechungen fallen weiter im großen und ganzen ziemlich freundlich aus, wenngleich unter Umständen *Mozart der Vater, selbst schon in jüngeren Jahren, gar arg mit dem Fuße gestampft haben würde* angesichts so mancher vom Rezensenten georteter kompositorischer Schnitzer des Sohnes in seiner frühen Klaviersonate, op. 10. In einer Übersicht des gegenwärtigen Standes der Tonkunst in Wien, erschienen in den Vaterländischen Blättern für den soeben gegründeten österreichischen Kaiserstaat, ist Mozart Sohn schon 1808 ein Absatz gewidmet. Als vortrefflich würde er trotz seiner Jugend gelten können, wird befunden, wenn man nicht durch den Namen, welchen er trage, zu mehr als gewöhnlichen Forderungen berechtigt zu sein glaubte. Von Forderungen ist unverblümt die Rede, nicht bloß von Erwartungen. Dabei geht er ins Schottengymnasium, wo manche Gegenstände immer noch in lateinischer Sprache unterrichtet werden, er studiert Klavier, Komposition und Gesang, unterrichtet selbst, komponiert professionell, tritt auf, bringt Geld ins Haus. Ist immer wieder ernsthaft krank dazwischen, unglücklich sowieso. Wolfgang ergreift also die erstbeste Gelegenheit, packt seine Habseligkeiten und nimmt einen Posten am Arsch der Welt an, in einer verschlafenen Kleinstadt im äußersten galizischen Osten des Habsburgerreichs. Dort ist immerhin auch die Mutter so weit weg, wie es die Vaterländischen Blätter sind. Und weil der Sohn gutes Geld verdient, hat sie auch nichts dagegen einzuwenden.

du weist, bester, daß man mich zu Hause nicht aufs beste be-

handelte. Ich ward älter, ward Jüngling, mußte mir seit 3 Jahren schon, im mütterlichen Hause, wie ein Fremder, den Lebensunterhalt, und alle anderen Bedürfniße verdienen und wurde doch (zu übertrieben) wie ein Kind am Gängelbande, behandelt. dieß verdroß mich, schreibt der junge Mozart aus der fernen Provinz einem Freund und fügt seine neue Adresse an. Man kann ihm Briefe jetzt bedenkenlos direkt schicken. Auch die Privatpost unterliegt endlich nicht mehr der mütterlichen Zensur. Podkamien heißt das Nest. Kurz zuvor lag es noch in Polen. Doch Polen gibt es mittlerweile nicht mehr. Preußen, Rußland und Österreich haben sich bedient und jeweils ein Stück des Kuchens einverleibt. Die napoleonischen Wirren sind, auf Sicht betrachtet, für Galizien allenfalls ein Intermezzo.

Als Wolfgang Amadeus Mozart Sohn Wien verläßt, steht der Franzosenkaiser im Zenit seiner Macht. Als er dreißig Jahre später, um viele Illusionen ärmer, aus Lemberg nach Wien zurückkehrt, fährt schon die neuerfundene Eisenbahn vom Biedermeier in den Vormärz. Nicht nur in Kongreßpolen, auch im österreichischen Galizien gibt es seit 1830 immer neue Unruhen gegen die verhaßte Fremdherrschaft. Es wird ungemütlich dort. Was als überschaubarer Aufenthalt begann, als Abnabelungsvorgang von der Mutter und vom omnipräsenten Vater, den er nie gekannt hat, es endet als beiläufige Rückkehr vom Abstellgleis am Ende des Bahnhofs, um weitere Beschädigungen zu vermeiden, als äußerliche Instandsetzung eines Altbauwagens, der, in Sonderzüge eingereiht, gelegentlich präsentiert wird, nicht seiner individuellen Vorzüge wegen, sondern weil da etwas herüberweht aus einer anderen Zeit, weil er für etwas steht, das war, und sonst nichts übriggeblieben ist als Bilder, Dokumente und Noten. Mit ihm ist kein Staat mehr zu machen, er will längst nicht mehr funktionieren. Kurz vor dem Sterben beginnt er sogar, sein stets gepflegtes Aussehen zu vernachlässigen. *Mozart fiel damals in Karlsbad ob seiner eigenthümlichen Kleidertracht auf. Er trug stets einen grossen dunkelgrünen Tuchrock, hatte selten ein anderes Schuhwerk als Gummischuhe an. Seine Strümpfe waren daher stets sichtbar und dieser Umstand machte ihm viel zu schaffen, weil er sie oft zerriss.* An Gelegenheit, in all den Jahrzehnten dazwischen zurück in eines der Zentren Deutschlands oder Österreichs zu gehen, mangelt es sicherlich nicht. Manchmal schlägt Mozart lukrative Angebote aus, von gekrönten Häuptern sogar, weil er sich, bald schon, noch Besseres verspricht, manchmal meint er, der ortsgebundenen Geliebten solch eine Übersiedlung nicht zumuten zu können. Und manchmal hat er keine Ausrede vor sich selbst, leidet ganz schön und schafft es doch nicht, an seiner Situation etwas zu ändern.

Für tausend Gulden sowie Tafel, Logis, Holz, Licht und Wäsche frei verdingt sich der junge Mozart also Ende 1808 weit draußen bei einem Grafen und unterrichtet dessen Töchter. Täglich vier Stunden. Sichtlich wohl fühlt er sich anfangs in der neuen Umgebung, man behandelt ihn gut. Zwar ist er nicht sein eigener Herr, aber er muß wenigstens nicht ohne Unterlaß Sohn sein. Auf den ersten Blick hat es den Anschein, ihm bliebe genügend Zeit zu komponieren, sich weiterzuentwickeln, das Große anzupacken, weiß der Kuckuck, was es ist. So einfach geht das freilich nicht. Denn selbstverständlich erwartet man sich von ihm die regelmäßige Teilnahme an all den Soireen und anderen Lustbarkeiten, welche vornehmlich adeligen Damen die Langeweile tatenloser Existenz erträglich gestalten sollen, den Herren aber günstige Möglichkeiten bieten, Reviergrenzen abzustecken und Rangordnungen zu signalisieren, Geschäfte zu tätigen und Eroberungen zu machen. Bei solchen Gelegenheiten wird fleißig musiziert, und Mozarts regelmäßige Auftritte wollen geprobt sein, schließlich geht es stets aufs neue um den Ruf. Wolfgang sind die Plattitüden der steifen Konversation, seit frühester Kindheit macht er sie mit, mittlerweile ein Greuel, doch so infantil-souverän wie der Vater setzt er sich nicht darüber hinweg. Der notiert bei solcher Gelegenheit, *es waren eine menge Nobleße da, die Ducheße arschbömerl, die gräfin brunzgern, und dan die fürstin riechzumtreck, mit ihrn 2 töchter, die aber schon an die 2 Prinzen Mußbauch vom Sauschwanz verheyrathet sind.* Die Diktion des Sohnes ist verhaltener, bannen läßt sich damit nichts. Er haßt zwar den letzten musikalischen Schrei, das *Lärmenvolle und Gedanken-Arme Geschmiere,* das *nichts sagende Geschnörkel* der italienischen Opernkomponisten à la Rossini. Er verachtet die vazierenden Klaviervirtuosen, denen Fingerakrobatik mehr bedeutet als gehaltvolles Spiel. Der Publikumsgeschmack bleibt ihm oft ein Rätsel. Doch tut er, was man verlangt von ihm. So gilt er als umgänglich, geduldig, bescheiden, als charmanter Plauderer und kompetenter Musiklehrer. Und ein echter Wolfgang Amadeus Mozart im Haus, seien wir uns ehrlich, hat nun einmal etwas von einem seltenen Tier in der Menagerie von Schönbrunn.

Zuhause bei Mozarts in Wien haben sie seit Jahren einen weißen Hund, der hört auf den Namen Ami. Noch fünf Monate nach Wolfgangs Fortgehen wundert sich Konstanze, warum ihr grobkörniges Bild von Mensch und Tier dem so kraß widerspricht, was sie jeden Tag mit eigenen Augen beobachten muß: *Das arme Thier kann sich nicht in Wowis Abreiße finden. Wenn ich ihm nun sage: Wo ist Wowi? – so sucht er das ganze Hauß aus, und er hat ihm doch nichts Gutes gethan, und war im Gegentheil ein bößer Bube gegen ihn.* Mit dem rätselhaften Hund muß sie sich weiter auseinandersetzen, den bösen Buben ist sie hingegen los. Oder auch nicht. Er hält sich zwar in der Fremde auf, das stimmt schon, aber formen wird man ihn doch noch ein wenig dürfen, wenn man eine fürsorgliche Mutter ist. Wo kämen wir da hin.

Konstanze hat sich mehr versprochen. Kaum neun Monate hält sich der siebzehnjährige Bursche jetzt in der den westlichen Kronländern unvergleichbaren Gegend von Lemberg auf, sein Leben muß er vollkommen neu ordnen, zum ersten Mal ohne direkte Bevormundung zu sich finden, die abrupte Trennung von lieben Freunden und dem vertrauten Wien verwinden, dem Brotberuf nachgehen mehr als der vorgesetzten Berufung, Umgebung und Menschen kennenlernen, morgens bis abends französisch parlieren. Und dann erst die bewegte Weltgeschichte. Das alles setzt die Mutter voraus. Für sie zählt nur eins, und nach bewährtem Rezept spannt sie zu diesem Zweck auch Bruder Karl wieder ein: *Wen du ihm schreibst so ermahne ihn immer zum fleiß, seit er in Pohlen ist hat er erst 3 Sonnaten für die Flöte und das Clavir gemacht, und damit bin ich nicht zu frieden daß ist alles zu wenig für einen jungen Menschen, der sich üben, sich und seinem Vater Ehre machen soll.* Konstanze kann es sich wahrscheinlich nicht erklären, warum Wolfgang ausgerechnet ihr eines seiner eben entstandenen Lieder schickt, in dem von Bächen die Rede ist, *die meine Klagen murmeln, ihr meine Plagen sagen und mir ihre Spur zeigen* sollen.

Wolfgang fühlt, schwärmt, seufzt. Meisterhaft instrumentierte, aber empfindungslose Sinfonien, sagt er einmal, rangierten bei ihm weit hinter einfachen, ausdrucksstarken Melodien. Dem Bruder verrät er in einem Brief, wie gern er sich an leidenschaftlichen Liedern versucht. Für ein Mädchen bestellt er einen Ring bei Karl in Mailand. Braucht Mozart etwas, muß er sich viele Meilen nach Lemberg bemühen. Doch selbst so gebräuchliche Dinge wie Notenpapier kriegt er auch dort meist nicht, es herrschen eben Kriegszeiten. Bei Breitkopf & Härtel in Leipzig bittet er – man möge es ihm nicht als Unbescheidenheit auslegen – um ein paar Bogen dieses Grundhandwerkszeuges für einen Musiker. Als junger Deutscher inmitten des polnischen Aufstandes von 1809 beginnt er seine Stellung in Galizien schnell als unangenehm, ja widerwärtig zu empfinden. Viele Jahre später meint er sogar, er habe damals seine Aufbruchstimmung, seine gute Laune fast völlig verloren.

Dann wieder muß er der Grafenfamilie länger als ein halbes Jahr von Gut zu Gut folgen, nirgendwo ein Fortepiano. In privaten Briefen redet er davon, einsam zu sein, dem Verleger kündigt er in Arbeit befindliche Werke an, während er dem Bruder gesteht, gar nicht mehr zu komponieren. Er setzt sich unter Druck, wird wieder krank. Das Fieber steigt, weit und breit jedoch kein Arzt. Man greift auf Hausmittel zurück, hofft auf Besserung, wartet vier Tage zu. Mozart hustet immer stärker, Atemnot befällt ihn. Schließlich schickt man doch nach einem Doktor. Als der endlich eintrifft, ist der Patient für einen Aderlaß Gott sei Dank schon viel zu schwach. Hektische Rettungsversuche. Wohl überlebt er die schwere Lungenentzündung, es bleiben ihm aber für Jahre beim Luftholen ein leichtes Stechen in der Brust und überhaupt eine äußerst filigrane Konstitution. Die auffallend blasse Gesichtsfarbe wird ihn zeitlebens begleiten.

Wolfgang selbst hält sich in diesen Monaten für unrettbar verloren. Er stürzt ins Bodenlose, verfällt in eine tiefe Depression. Schiebt sein körperliches und seelisches Leiden auf das politisch wie witterungsbedingt rauhe Klima Galiziens. Ein Grund mehr, so schnell wie möglich wieder wegzugehen, irgendwohin, weg von der Peripherie jedenfalls, das weiß er. Er ist einfach zu weit weg vom Schuß, versucht vergeblich, sich mit Abonnements von Musikzeitschriften auf dem laufenden zu halten. Halbwegs aktuelle Nachrichten aus Wien bekommt er sowieso nie zu Gesicht. Konstanze meint, *er ist ein großer Politiquer, und ich kann ihm keine größere Freude machen, als wenn ich ihm welche mittheile, umsomehr, da dort, wo er ist, keine Zeitung hinkommt.* Er stumpfe ab, schreibt er dem Bruder resigniert. Und bleibt vorläufig doch, wo er ist.

An Carl Maria von Weber, dem Vetter, noch dazu aus der mütterlichen Verwandtschaft, bekommt er eindrucksvoll vorgeführt, was Konstanze als Minimum musikalischer Karriere für den würdigen Sohn ihres Gatten ansieht. Weber, gut vier Jahre älter als Mozart junior, hat es mit achtzehn zum Kapellmeister in Breslau gebracht, mit zwanzig ist er Musikintendant im oberschlesischen Carlsruhe, mit siebenundzwanzig Operndirektor in Prag und bald darauf darf er sich gar königlicher Kapellmeister an der Hofoper im sächsischen Dresden nennen. Als Pianist, Komponist und vor allem als brillanter Organisator eines modernen Musikbetriebes etabliert er sich mit atemberaubender Geschwindigkeit. Als

Mozart 1834 halbherzig doch noch seine erste Kapellmeisterstelle am Lemberger Theater antritt, ist dieser Carl schon acht Jahre tot.

Aber auch Weber bekommt an Mozart etwas vorgeführt, erinnert sich später sein Sohn Max: *Bald gesellte sich zu dem Interesse ein Gefühl herzlichen Mitleids, als er sah, wie der Wackere, der die Unklugheit begangen hatte, einem unerreichbaren Vater auf derselben Bahn nachzuschreiten, unter dem Drucke seines großen Namens litt, der all sein rüstiges Streben, welches ihn unter anderen Verhältnissen auf einen sehr anerkennenswerten Standpunkt gehoben haben würde, unablässig in tiefen Schatten stellte, allen, wenn auch noch so redlich erworbenen Erfolgen in seinem Gefühle den Beigeschmack von Comiseration und reflektirtem Glanze gab und zuletzt sein Herz zerbrach.*

Mozart versucht, sich den erfolgreichen Verwandten von Leib und Seele zu halten, nimmt den praktischen Umweg über die Eltern und schiebt halbwegs plausible Gründe vor. War Carl nicht genau genommen, das beweist schließlich der Stammbaum, Konstanzes Cousin? Bietet sich nicht wesentlich schlüssiger ein Vergleich zwischen Vater und Carl an, zumal Weber vor kurzem im Alter von neununddreißig Jahren in London gestorben ist und wie einst Mozart Frau und Kleinkinder zurückgelassen hat? Andererseits, für eine einzige Oper haben die Engländer Weber zweitausend Pfund bezahlt, erklärt Wolfgang im Gespräch, der Vater hingegen wurde, das muß man sich vorstellen, für alle Arbeiten zusammen mit weniger Geld abgespeist. In Deutschland würde über Webers Behandlung in England Klage geführt, aber er hat doch gut verdient, seine Familie ist bestens versorgt.

Dabei, seien wir uns ehrlich, läßt sich Webers Gesamtwerk mit dem von Mozart überhaupt nicht vergleichen. Und wie war das, in aller Bescheidenheit, bei uns damals nach Vaters Tod? Nichts haben wir gehabt, keine Öffentlichkeit hat sich aufgeregt, ist uns beigestanden in der Not, von ein paar Freunden der Familie einmal abgesehen. Schweigen. Elegant ausgewichen, Herr Mozart, Gratulation. Ihren Alters- und Berufskollegen haben Sie glücklich in die Elterngeneration verfrachtet, mit dem beiläufigen Hinweis auf Ihre materiellen Entbehrungen als Kind die miserablen Startbedingungen des eigenen, mittlerweile ins Stocken geratenen Künstlerlebens angedeutet. Schade daß jetzt keiner nachfragt.

Oder verbietet es sich von selbst nachzuhaken, wenn man sich den Ton vergegenwärtigt, in dem Mozart mutmaßlich darüber spricht? Wenn man ihn vor sich sitzen, neben sich gehen sieht während dieser Unterhaltung? Spürt man, wie wenig überzeugend Wolfgang den Unbeteiligten mimt, spricht die Gestik Bände? Auf einem Zettel des feinsinnigen Gesprächspartners, er hat den jungen Mozart vorher nicht persönlich gekannt, finden sich ausführliche Anmerkungen zu dieser Begegnung mit Wolfgang Amadeus dem Sohn, achtunddreißig Jahre ist er da: klein, gedrungen, ungekünstelt, ruhig, melancholisch, versonnen. Mit diesen Adjektiven charakterisiert der Bewunderer des Vaters den freundlichen Herrn mit der hohen Stirn und der konkaven Brille.

Es ist letztlich die Geschichte von Henne und Ei. Machen Kleider Leute, oder verschwinden Leute hinter ihrer Kleidung? Gilt Grillparzers Bild von der trauernden Zypresse an des Vaters Monument? Ist der junge

Mozart tatsächlich ein Lebewesen, das nicht aus kann, ein Baum, gepflanzt, als der Heros stirbt, unmittelbar neben dem imaginierten Denkmal mit der überlebensgroßen Statue, der Gipsbüste mit dem Lorbeerkranz? Ein Lebewesen, dem die Hände gebunden sind durch die Wurzeln, die reichen Talente durch den Namen des Vaters? Eine romantische Gestalt, reich an unerfüllten Sehnsüchten, diffusem Wollen und vertanen Chancen, fragmentiert von allem Anfang, notdürftig zusammengesetzt aus den Projektionen so vieler, ein früher, mißratener Klon? Einer wie Frankensteins Monster, das sich ein besessener Schöpfer in den Kopf setzt und dann in diese Welt, vergeblich auf der Suche nach Angenommenheit, nach Liebe, nach Identität, nach etwas, jemand zum Festhalten? Einzigartig und doch verurteilt zum Scheitern? Werden wir dem jungen Mozart so gerecht? Oder verkennen wir ganz simpel Ursache und Wirkung? Täten wir gut daran, uns von der pathetischen Trauerzypresse zu verabschieden und Wolfgangs Tagebucheintragung nüchtern zu lesen: *Hier bin ich an der Grenze, und verdanke wieder meinem Nahmen, ein bequemes Logis, und was noch besser ist, ein warmes Nachtessen?* Schwingt da dunkle Ironie mit, weil wir es gerne hätten? Oder vielmehr klare Einsicht, satte Selbstzufriedenheit? Verdankt er nicht alles seinem Namen, die Aufmerksamkeit zu Lebzeiten, die Aufführungen, Stiche und CD-Editionen seiner Kompositionen, die Reisemöglichkeiten und großen Empfänge, die Bekanntschaften mit gekrönten Häuptern und Geistesheroen, manche Frauengeschichte und die Ehrenkapellmeisterwürde am Mozarteum in Salzburg, die Publikation seines Reisetagebuches und eine wertvolle Busennadel vom Bürgerkönig Louis Philippe aus Frankreich? Ein warmes Nachtessen und dieses Buch?

Zwischenspiel eins

Der junge Mann erinnert sich an seine Schulzeit. Die ist noch nicht lange her, sein Verhalten entsprach stets den Erwartungen, seine Leistungen waren tadellos, der Abschluß gestaltete sich souverän.

Trotz alledem, er hat sich nicht wohl gefühlt in der Klasse. Sein Vater war im Lehrerkollegium desselben Gymnasiums, aus praktischen Gründen, wie er immer betonte, bestand er darauf, daß das Kind auch dort zur Schule ging. Schließlich konnte er gemeinsam mit Matthias am Morgen zur Arbeit fahren.

Privilegien für den Sohn, daran verschwendete er keinen Gedanken. Im Gegenteil, er war all die Jahre peinlich bedacht darauf, jeden Anschein zu vermeiden, sein Kind könnte Nutzen ziehen aus der eigenen Position. Er hatte sich nichts vorzuwerfen, und für mögliche Zwischentöne war das väterliche Sensorium nicht fein genug ausgeprägt.

Jetzt, im Rückblick, stören Matthias auch weit weniger die plumpen Versuche mancher Lehrer, ihn zu bevorzugen, als das überkorrekte Verhalten anderer: Wenn die Klasse darum bat, doch an diesem Tag von Prüfungen abzusehen, es stünde in den folgenden beiden Stunden eine anstrengende Schularbeit bevor, dann zeigte sich der Physikprofessor unerbittlich und holte demonstrativ Matthias an die Tafel. Damit das klar ist, nicht einmal er kommt so einfach davon, hieß die Botschaft.

Sollte andererseits der Lehrkörper keinen Wind davon bekommen, was soeben von den Jugendlichen ausgeheckt wurde, überlegte man es sich zweimal, Matthias ins Vertrauen zu ziehen. Dabei war er nicht als Person verdächtig, er war keinesfalls unbeliebt, nur etwas zurückhaltend und zu wenig locker. Auch wollte ihm niemand ernsthaft zutrauen, sich als Spion verdungen zu haben. Dennoch, ließ es sich vermeiden, weihte man ihn besser nicht ein. Wohl auch, um ihm mögliche Gewissenskonflikte von vornherein zu ersparen.

Mit einem Wort, meint Matthias heute, ich war nie ein gewöhnliches, ein stinknormales Kind für meine Lehrer. Und für die Mitschüler, das ist die logische Konsequenz, auch nicht. Da war auch nichts zu machen dagegen, keinen trifft eine Schuld.

Wenn man davon absieht, daß es auch noch andere Gymnasien gegeben hätte.

Die ersten Stunden, die man in einer fremden Stadt zubringt, haben immer etwas sehr trauriges. Dieses Gewühle von Menschen, die uns ganz fremd sind, von denen man noch nicht weiß, wie sie einen aufnehmen werden.

Wolfgang Amadeus Mozart Sohn

Läßt es sich tatsächlich Aufrappeln nennen? Wolfgang Amadeus Mozart Sohn kündigt endlich. In diesem gottverlassenen Podkamien deutet alles auf vorzeitige Endstation hin: Keine wirklichen materiellen Sorgen haben, als Untergebener immerhin ausreichend Respekt bezeugt bekommen, angehimmelt werden von den halbwüchsigen Töchtern des Hauses, denen der melancholische, fragile junge Mann, diese im Scheitern begriffene Künstlerexistenz mit dem berühmten Namen zum sichtbaren Widerschein romantischen Lebensgefühls wird. Es zieht ihn in die Welt hinaus, das kann doch nicht alles gewesen sein, ist er sich heute absolut gewiß, am nächsten Tag überwiegt dann wieder das Heimweh nach Wien, und da die Mutter dem Stiefvater Nissen weit weg nach Dänemark gefolgt ist, gewinnt der Gedanke zurückzukehren zunehmend an Reiz. Aber, was soll er sich etwas vormachen, ob Mutter oder nicht, in Wien würde er stets mehr Wolfgang Amadeus Mozart sein als irgendwo sonst auf der Welt. Wien würde ihn erst recht zerreiben, auch wenn die meisten Freunde dort sind und er im Kopf fast täglich ausgedehnte Spaziergänge durch die Gegenden von früher macht, vom Michaelerplatz, wo er zuletzt wohnte, zur Burg, die Basteien entlang und in die Vorstädte hinaus.

Er ist außer sich. Als Automatenleben beschreibt er

selbst einmal seine galizische Existenz. Das ist zu der Zeit, als eines unglaublichen Vorfalls wegen viele Leute Zweifel zu beschleichen beginnen, ob sie es denn in ihrer Umgebung mit Menschen aus Fleisch und Blut zu tun hätten oder aber vielmehr mit raffiniert konstruierten Automaten, die dank des gesellschaftlichen Zwangskorsetts lange Zeit unerkannt zwischen ihnen wandeln konnten. E. T. A. Hoffmann erzählt uns die phantastische Geschichte von der hübschen Olimpia mit den ewig kalten Händen und dem bescheidenen Smalltalkrepertoire. Der Student Nathanael projiziert alles Erdenkliche in der unerkannten Automatin glanzlose und starre Augen, verliebt sich in die scheinbare Schönheit, mit fatalen Folgen, versteht sich, und es nützt rein gar nichts, daß der diensthabende Poesieprofessor sich hinter flehentlichen Satzfetzen verschanzt, als das Ungeheuerliche ruchbar wird: *Das Ganze ist eine Allegorie – eine fortgeführte Metapher! – Sie verstehen mich!*

Jahre später ist der junge Mozart selbst beim ehemaligen Ernst Theodor Wilhelm Hoffmann in Berlin eingeladen. Die beiden verbindet, skurril genug, daß sie Amadeus heißen, ohne ursprünglich auf diesen Namen oder seine Varianten Theophil und Gottlieb getauft worden zu sein. Hoffmann, ein glühender Verehrer Mozarts, hat einfach den Wilhelm dafür getilgt. Heute abend fließt der Champagner in breiteren Strömen, als es in dem gastlichen Haus ohnehin schon der Brauch ist. Vielleicht braucht Hoffmann die Stütze Alkohol dringender noch als sonst, sitzt doch Wolfgang Amadeus Mozart an diesem Winterabend zwischen Weihnachten und Neujahr leibhaftig vor ihm. Ein Jahrzehnt zuvor hat der Kammergerichtsrat, Kapellmeister, Komponist und Schriftsteller jene berühmte Geschichte verfaßt, die ihm angesichts der momentanen Wohnzimmerkonstellation wieder einfallen muß. Dem Erzähler-Ich begegnet darin unverhofft in einem Vergnügungsetablissement Christoph Willibald Gluck. Eine kleine Szene, angesiedelt in Berlin-Tiergarten anno 1809, eigentlich nicht weiter bemerkenswert. Sie hat nur den einen, dem Erzähler wie den Lesern wohlbekannten Haken: Ritter Gluck ist bereits seit zweiundzwanzig Jahren tot.

Wer ist wer? Im frühen neunzehnten Jahrhundert wimmelt es in Büchern und Zeitschriften von schauerlichen Gespenstern und auferstandenen Toten, von Doppelgängern und Automaten, die als Menschen daherkommen. Kein Stein des Rationalismus, der Aufklärung bleibt auf dem anderen. Persönlichkeitsverlust, ja die bittere Erkenntnis, eigentlich nie eine wirkliche Identität besessen zu haben, verwechsel-, austauschbar zu sein, im Rahmen der gesellschaftlichen Vorgaben perfekt zu funktionieren wie eine Maschine, das sind die Themen der Stunde. Wer sitzt ihm da also tatsächlich gegenüber, fragt sich der verwirrte Leser nach der Lektüre von Hoffmanns Gluckerzählung. Wer sitzt ihm da also tatsächlich gegenüber, mag sich E. T. A. Hoffmann, für solcherlei disponiert wie kein zweiter, nun selbst verwirrt fragen, während er diesem seltsamen Gast und sich hastig nachschenkt. Wolfgang Amadeus Mozart? Ein Verrückter? Ein Hochstapler? Ein Doppelgänger? Ein offizieller Mozartdarsteller? Ein Automat gar? Ein gewöhnlicher Sohn des Meisters jedenfalls, soviel steht fest, hieße beispielsweise Karl Thomas oder auch Franz Xaver und käme wohl nie auf die Schnapsidee, sich als

Komponist aufzuführen und in Berlin demnächst Konzert geben zu wollen.

Mozart, des Automatenlebens überdrüssig, rappelt sich also tatsächlich auf, ein bißchen wenigstens, und packt in Podkamien die Koffer. So kann, darf es nicht weitergehen, das weiß er und kündigt Breitkopf & Härtel, damit es schwarz auf weiß steht und er vor sich selbst in Zugzwang gerät, vollmundig seinen baldigen Besuch in Leipzig an. Und doch bleibt er, warum weiß keiner, er selbst schon gar nicht, nach vergleichsweise lächerlich wenigen Meilen in der vergleichsweise lächerlich kleinen galizischen Metropole Lemberg hängen. Was ursprünglich wohl bestenfalls als kurze Zwischenstation gedacht ist, wird schließlich zum unfreiwillig freiwilligen Lebensmittelpunkt auf Jahrzehnte. Der Lemberger Mozart wird er schließlich genannt werden, durchs geographische Attribut abgesetzt von Mozart, dem Mozart an sich, wie Carl Philipp Emanuel, der Berliner Bach, oder Johann Christian, der Londoner Bach, vom Vater Johann Sebastian, dem Bach aller Bachs. Berlin und London sind indessen nicht nur viel größere und bedeutendere Städte als Lemberg, die gesellschaftlichen und musikalischen Positionen der Bach-Söhne lassen sich mit Mozarts bescheidener Lemberger Existenz überhaupt nicht ernsthaft vergleichen. Zuweilen habe er den Eindruck, schreibt er dem Bruder, und er möge es ihm nicht als Eitelkeit auslegen, vielleicht der erste seines Faches in diesem Lande zu sein, profitieren ließe sich von dieser Situation jedenfalls nicht. Bleibt die Frage, ob Wolfgangs Formulierung nahelegt, daß er sich für den bedeutendsten Komponisten in der Region hält oder daß er sich schlicht als absoluter Pionier vorkommt. Beides muß gleich lähmend wirken auf den jungen Mann. Als freischaffenden Künstler in der galizischen Hauptstadt erwarten ihn nunmehr immerhin Selbstbestimmtheit, das hofft er inständig, und Hunger, das fürchtet er mit einigem Grund. Noch ist Mozart nicht einmal zwanzig.

Auf Konzertreise gehen heißt in diesen Zeiten alles selbst organisieren. Weltweite Popularität im heutigen Sinn ist unbekannt, allenfalls Berühmte sind selten und fast immer weit weg. Empfehlungsschreiben öffnen Türen zu örtlichen Honoratioren, sie selbst zu überbringen gebietet der Anstand. Hat man Glück oder Beziehungen, lassen sich die Hotelkosten einsparen und man zieht nach einer Anstandsfrist zu Bekannten oder Gönnern. Veranstaltungen müssen von der jeweiligen Obrigkeit bewilligt werden, das ist mühsam und kostet Zeit. Das Auftrittslokal hat der Künstler meist selbst auf eigenes Risiko anzumieten, die mitwirkenden Musiker muß er selbst engagieren. Wie gut sie sind, steht in den Sternen. Ist der Solist gar auf ein Fortepiano angewiesen, gilt es sodann, ein taugliches zu finden, gratis zur Verfügung gestellt zu bekommen oder günstig zu mieten und heil in den Konzertsaal schaffen zu lassen. Um das finanzielle Abenteuer einigermaßen überschaubar zu halten, werden Subskribentenlisten aufgelegt. Ein Zeitungsinserat wird geschaltet. Geht der Vorverkauf schlecht, tut man gut daran, rechtzeitig abzusagen. Winken gesicherte Einnahmen, beginnen alsbald die Proben, sofern die engagierten Musiker nicht dekretieren, um die paar Groschen spiele man bestenfalls vom Blatt. Für Solisten, die auch komponieren, ist das doppelt fatal. Bei einem wie dem jungen Mozart bedeuten lustlose Mitwirkende zu allem Überdruß, daß die gestrengen Musikkritiker in ihren Blättern pikiert anmerken, die vorgetragenen Werke des Vaters schon besser gehört zu haben, während die bislang unbekannten des Sohnes als solche leider nicht genügen. Es kann natürlich auch gut gehen, und die Einnahmen verheißen zwei, drei Monate ohne unmittelbare Geldsorgen. Jetzt sind noch Dankbesuche bei all jenen angesagt, die am Gelingen des Konzerts Anteil hatten oder wenigstens keine gröberen Scherereien machten. Auf Tourneen folgt nun die beschwerliche Reise zum nächsten Ort, und das ganze Theater beginnt von vorne. Der junge Mozart ist noch nicht ganz so weit, er wird zwanzig dieser Tage und veranstaltet aus diesem Anlaß quasi als Probegalopp ein erstes solches Konzert in Lemberg. Er kommt an und für die nächste Zeit günstig bei einem k. k. Kämmerer unter. Immerhin.

Wird sein chronisches Leiden ihm allerdings je erlauben, die gewaltigen Anstrengungen einer ausgedehnten Konzertreise zu verkraften? Der Husten ist wieder stärker geworden in letzter Zeit, doch Wolfgang findet tatsächlich einen Arzt, der ihm nicht nur kurzfristig Linderung verschafft, sein Zustand bessert sich auf Dauer merklich. Endlich kann er wieder Stiegen steigen, ohne alle paar Stufen verschnaufen zu müssen wie ein alter Mann. Und endlich kann er wieder komponieren. Hat nicht der eigene Vater als halbes Kind in London Bachs Sohn kennengelernt, geschwärmt von ihm, gelernt, manches kopiert? Hat da nicht ein ganz Großer unter den Komponisten einen Sohn gehabt, der selbst ziemlich groß geworden ist, mehrere sogar? Hat das Publikum nicht zuweilen diesen Vater fast aus den Augen verloren angesichts der Strahlkraft der Söhne? Und haben die nicht Neues angepackt, den Weg bereitet für die Moderne, für Wolfgang Amadeus Mozart etwa? Na also.

Die vielbeschworene slawische Schwermut, Klischee hin oder her, sie hat es dem jungen Mozart eindeutig angetan. Vielleicht liegt gerade darin eine mögliche Erklärung für das Rätsel seines Verweilens in der östlichen Fremde, ein Schlüssel auch zu seinem Werk. Impulsive, dynamische Ausdrucksformen, Unberechenbarkeit, Leidenschaftskapriolen und Lautstärke sind seine Sache nicht. Zeitlebens haßt er daher das unübersichtliche, extrovertierte Italien, seine Hitze und Oberflächlichkeit sind ihm ein Greuel, wie der Bruder dort zufrieden sein ganzes Leben verbringen kann, bleibt ihm ein Buch mit sieben Siegeln. Welch ein Unterschied auch zum Vater. Dessen sinnliches Vergnügen an Italien spricht aus vielen Briefen, seine Sprunghaftigkeit, die nimmermüden Sprachkaskaden, witzigen Gedankenspiele und plumpen Zoten bleiben dem Sohn fremd. Der peniblen buchhalterischen Strenge, dem beinharten Kalkül des Großvaters, dieses klar strukturierten schwäbischen Aufklärers mit dem ausgeprägten Mißtrauen gegen alle Welt, und der überdrehten, als Ventil für die Anspannungen einer irrwitzigen Schaffenswut dienenden, sich häufig selbst genügenden Ausgelassenheit des Vaters, stets wohnhaft im Jetzt und Hier, steht die gemütsschwere Nachdenklichkeit des jungen Mozart gegenüber, das tiefe, zuweilen schwärmerische Gefühl und das zaudernde, intensive Abwägen der Für und Wider. Oft genug bleibt es auch dabei, es komme nichts raus, der Biß fehle ihm, heißt es gerne, er lasse sich treiben im Mainstream. Wenn es nicht dabei bleibt, wie in diesen Jahren, wenn ihm vergleichsweise große Kompositionen gelingen, dann hört man aus jeder Phrase diese typischen Charaktereigenschaften, aus jedem unerwarteten Vorklang auf Schubert und Chopin diesen Lemberger Mozart und sonst keinen. Für kurze Zeit spielt er sich einigermaßen frei von der Dominanz des Vaters, der Mutter, der öffentlichen Erwartung und Einordnung.

Polen als Staatsgebilde ist untergegangen, die Polonaise, diesen ruhigen, gemessenen Schreittanz, ein nationales Symbol ersten Ranges, die Polonaise gibt es noch. Wolfgang Amadeus Mozart Sohn nimmt sich ihrer ausgiebig an, komponiert mollgestimmt unter anderen nicht weniger als zehn Polonaises Mélancoliques für das Klavier, zierlich, verhalten, schwerblütig, wie der Name es nahelegt, klingen die. Ihr folkloristischer Ursprung freilich tritt dabei weit in den Hintergrund. Eigenständige Charakterstücke sind es geworden, vom Vater mindestens so weit entfernt wie Lemberg von Wien. Sie gehören eindeutig zum Berührendsten, was da ist vom jungen Mozart. Schön sind die am Abend, wenn man allein ist mit dem Klavier oder der Hi-Fi-Anlage, hinausschaut aus sich, das genügt doch.

Die Frauen, der junge Mozart beläßt es stets bei Andeutungen. Zeitgenossen, denen er persönlich begegnet, nennt er in seinem Reisetagebuch gewöhnlich beim vollen Namen, sie werden knapp skizziert, gewürdigt, kritisiert. Im Dunkeln bleibt einzig, welche Frau sich hinter dem Du verbirgt, dem die Eintragungen gleichsam erzählt werden, das ins Vertrauen gezogen wird und angehimmelt. Er liebt ausdauernd und innig, zu einer Heirat kommt es, wie wir wissen, nie. Bleibt ihm die Erfüllung seiner Sehnsüchte versagt, ist er zu unbeholfen und zögerlich, wie die oberflächlichen, dem bürgerlichen Ideal von besiegelten Familienbanden verpflichteten Biographen durch hundertfünfzig Jahre meinen, oder entspricht Mozarts Diskretion, was sein intimes Privatleben anlangt, ganz einfach seinem vorsichtigen Charakter, seiner tiefen Abneigung gegen die lebenslange Fremdbestimmung als Künstler, als Sohn? Frauen stehen bei ihm, so scheint es zuweilen, für das Mögliche, das Offene. Andere romantische Gemüter, die nicht wissen, wer sie sind und was in diesen unabsehbaren, bedrohlichen Zeitläuften vor und kurz nach dem Wiener Kongreß, mögen sie tatsächlich verbrieft vor Anker gehen wollen an irgendeinem Busen, er ist schon von Kleinkindesbeinen an Wolfgang Amadeus Mozart und Komponist, dazu hat er nichts getan, das läßt sich auch nicht mehr ändern. In den Liebesbeziehungen wenigstens soll der Gestaltungsspielraum erhalten bleiben. Und Vater werden möchte er ohnehin nicht, ihm genügt seiner vollauf. Vielleicht ist es so. Er hält sich bedeckt, die Konventionen türmen ausreichend Hindernisse auf für so einen ungewöhnlichen Liebeslebensentwurf, aber es gibt sie, die unbeobachteten Nischen, und für das Prickeln, da müßte er lügen, sind sie gar nicht einmal so schlecht.

Frappant, wie sehr sich in den Texten, die er vertont, widerspiegelt, was auch ihn, gerade ihn ausmacht. Schillers Gedicht *Das Geheimnis* etwa, es gibt auch Mozarts Geheimnis preis, ohne konkrete Namen zu nennen: *Sie konnte mir kein Wörtchen sagen, / Zu viele*

Lauscher waren wach, / Den Blick nur durft ich schüchtern fragen, / Und wohl verstand ich, was er sprach. / Leis komm ich her in deine Stille, / Du schön belaubtes Buchenzelt, / Verbirg in deiner grünen Hülle / Die Liebenden dem Aug der Welt! // Von ferne mit verwornem Sausen / Arbeitet der geschäft'ge Tag / Und durch der Stimmen hohles Brausen / Erkenn ich schwerer Hämmer Schlag. / So sauer ringt die kargen Lose / Der Mensch dem harten Himmel ab, / Doch leicht erworben, aus dem Schoße / Der Götter fällt das Glück herab. // Daß ja die Menschen nie es hören, / Wie treue Lieb uns still beglückt! / Sie können nur die Freude stören, / Weil Freude nie sie selbst entzückt. / Die Welt wird nie das Glück erlauben, / Als Beute wird es nur gehascht, / Entwenden mußt du's oder rauben, / Eh dich die Mißgunst überrascht. // Leis auf den Zehen kommt's geschlichen, / Die Stille liebt es und die Nacht, / Mit schnellen Füßen ist's entwichen, / Wo des Verräters Auge wacht. / O schlinge dich, du sanfte Quelle, / Ein breiter Strom um uns herum, / Und drohend mit empörter Welle / Verteidige dies Heiligtum!

Hundertachtzig Jahre später kommt endlich doch gesichert ans Licht, was oft vermutet wurde, gleich darauf aber wieder verworfen, weil nicht sein kann, was nicht sein darf: Seit 1813 schon gilt seine Zuneigung, platonisch zunächst, einer etwas älteren, einigermaßen vermögenden Frau aus adeligem Haus. Sie ist mit einem angesehenen Gubernialrat verheiratet, der ist noch dreißig Jahre älter als sie. Lieben tut sie ihn nicht. Mozart wohnt in ihrer Nähe, später gar bei der Familie, unterrichtet Tochter Julie im Klavierspiel und in der Kompositionslehre, ein äußerst begabtes Mädchen übrigens. Hat an Josephine, einer starken, selbstbestimmten Persönlichkeit, was er will, was er braucht, auch sie kann nicht klagen. Ihr Mann? Man arrangiert sich, für alle Beteiligten ist es das beste und nützlich obendrein. Die Jahre vergehen, die Beziehungskonstellationen nicht. Vielleicht hat die Leidenschaft nachgelassen, aber es ist etwas Warmes, Treues da in den Zeiten der Cholera, der politischen Wirrnisse und Muffigkeit, der persönlichen Enttäuschungen, es ist etwas Warmes, Treues da gegen die wachsende Vereinsamung inmitten vieler Menschen, gegen die Bitterkeit des Stillstands, die Schmerzen der tödlichen Krankheit. Sag, ist es Liebe? Gemeinsam kehren sie im Abstand von wenigen Jahren alle zurück nach Wien. Wieder ziehen sie ins selbe Haus ein, die Verhältnisse müssen sich also bewährt haben. Mozart macht Josephine demonstrativ zur Universalerbin, stirbt, nimmt sein Geheimnis, was denn nun wirklich lief zwischen den beiden, mit ins Grab, hat es bis zuletzt erfolgreich verteidigt, das Heiligtum, trotz aller Gerüchte. So kann es durchaus gewesen sein, so war es wahrscheinlich auch.

Sechs Lieder mit Pianoforte-Begleitung sind das Letzte, was sein bisheriger Verleger in Leipzig ihm abnimmt. Während er so intensiv wie nie vorher oder nachher komponiert, schlägt Mozart sich in zahlreichen Geschäftsbriefen mit Breitkopf & Härtel herum. Versucht er es zunächst mit Selbstbewußtsein, immerhin gelingt ihm Neues, immerhin wird ihm zugetragen, daß seine Arbeiten sich überall einiger Beliebtheit erfreuen, binnen Jahresfrist gar eine zweite Auflage erleben, in Konzerten gerne aufgeführt werden, folglich keineswegs Ladenhüter sind, so wird er zunehmend kleinlaut mit der Zeit. Fortwährend demütigt man ihn, veröffentlicht zunächst die Werke von Kollegen, unbekannten polnischen Musikern, für die Mozart sich uneigennützig beim Verlag stark macht. Längst zirkulieren diese auch in Lemberg, während seine eigenen Sachen, die Polonaisen etwa, nicht und nicht übersandt werden. Die Leute fragen nach den Kopien, Mozart erfindet immer neue Ausreden, will nicht eingestehen müssen, daß er keinerlei Einfluß hat auf die geschäftlichen Prioritäten in der fernen Verlagsmetropole Deutschlands. Er stellt das Honorar für seine Kompositionen nun völlig ins Ermessen der Firma Breitkopf & Härtel, schließlich verzichtet er ganz auf ein Entgelt, erbittet sich lediglich jeweils vierzig Exemplare und durch ein Jahr den alleinigen Verkauf in Lemberg. Erhält die Zusage, wartet zwei weitere Jahre vergeblich, entnimmt der Sendung endlich ganze sieben Stück und muß tags darauf in der Lemberger Musikalienhandlung feststellen, daß seine Polonaises Mélancoliques dort gegen alle Abmachungen auf dem freien Markt feilgeboten werden. Er kauft alle Exemplare auf, ersucht in Leipzig um Ersatz der Kosten dafür und fordert die restlichen Kopien ein, wenn es gar nicht anders ginge, sogar auf Nachnahme. Entwürdigend ist das.

Sein Verlag indessen hat Zeit, viel Zeit. Der junge Mozart gehört, so lange er irgendwie Wert darauf legt, ihm. Zu den wirklichen Bestsellerfabrikanten, den schicken Modekomponisten, denen man alles sofort aus der Hand reißt, zählt er nach den bisherigen Erfahrungen nicht. Die Mutter, von jedem Druck oder Stich des Sohnes bekommt sie ein Belegexemplar, regt sich bei Bruder Karl darüber auf, daß Wolfgang sich mit kleinen und wenig öffentlichkeitswirksamen Formen verzettle, mit Variationen über alle möglichen und unmöglichen musikalischen Themen etwa. Die Hits werden für gewöhnlich in Italien produziert, Wien geht auch, aber Lemberg? Liegt das nicht irgendwo in den Ausläufern des Kaukasus? Andererseits, absetzen lassen sich seine Lieder, Sonaten, Polonaisen, das erste Klavierkonzert durchaus, für kleine Gewinne ist der Name Wolfgang Amadeus Mozart an sich schon Garant. Jeder andere Komponist, überzeugt von seiner Arbeit, würde sich nach allem, was Breitkopf & Härtel an Ignoranz bewiesen haben, schon allein aus Selbstachtung auf der Stelle einen neuen Verlag suchen. Mozart aber kann, will nicht übersehen, daß an dieser ersten Adresse mit den Werken des Vaters kräftig Geld gescheffelt und Image geschaffen wird: W. A. Mozart bei Breitkopf & Härtel, so ist es nun einmal. Lieber weniger Ausgaben der eigenen Sachen, kalkuliert er, dafür dort, als zu einem kleineren Verleger wechseln und mehr publizieren. Ein Abstieg wäre das in den Argusaugen der musikalischen Welt. In Leipzig wissen sie das selbst am besten. Und sie lassen es ihn deutlich spüren. Endlich haben sie ihn ganz klein: Eine neue Violinsonate, die er anbietet, loben sie unverbindlich. Ob sie das Stück auch in Verlag nehmen, kein Sterbenswörtchen darüber. Er schickt wieder neues Material, bezieht sich scheinbar beiläufig auf das positive Urteil über die Sonate und fragt bescheiden, ob er daraus Hoffnungen ableiten dürfe. Mozarts jüngstes Verhandlungsangebot hat Symbolcharakter: Von Honoraren ist längst nicht mehr die Rede, auch den Gebietsvertreter in eigener Sache hat er sich inzwischen abgeschminkt, zu peinlich ist das gelaufen. Einen Abdruck der Klavierwerke des Vaters für die Mutter in Kopenhagen möchte er, eine gewiß nicht überspannte Forderung, im Tausch für die neuesten

Kleinigkeiten von Mozart, so seine Diktion. Und ein paar gute Partituren für den persönlichen Gebrauch.

Urheberrechte sind ein Fremdwort. Der Vater wirft noch lange nichts ab. Mehr als vierzig Jahre später, Wolfgang ist schon tot, erreicht den Bruder Karl in Mailand, wie zum Hohn gerade noch rechtzeitig, ein freundliches Schreiben. Sechs Monate später stirbt auch er. In Frankreich haben sie vor kurzem eine Commission der Verfasser und Compositeure dramatischer Werke gegründet. Die Hochzeit des Figaro läuft soeben mit großem Erfolg in Paris, und die vertraglich anfallenden Tantiemen werden dem Alleinerben überwiesen. *Lassen Sie uns hoffen, mein Herr, daß das von der Commission gegebene Beispiel auch von fremden Regierungen gewürdigt werden wird; daß man die Notwendigkeit einsehen wird, bei künftigen internationalen Verträgen über das geistige Eigentumsrecht eine wechselseitige Geltung der liberalen Grundsätze, welche den Kindern die Früchte der Werke ihrer Väter, – nur allzu oft die zwar glorreiche, aber einzige Erbschaft, welche das Genie zu hinterlassen im Stande ist – sichern, eintreten zu lassen.* Ferne Zukunftsmusik ist sowas derzeit. Das Wort von der Geltung liberaler Grundsätze führt man nämlich jetzt, die Karlsbader Beschlüsse stehen unmittelbar bevor, für die nächsten paar Jahrzehnte in deutschen Landen besser nicht laut im Mund. Der junge Mozart wird sich diesen Ratschlag zu Herzen nehmen.

Die neuen Werke, darunter das eindrucksvolle zweite Konzert für Klavier und Orchester in Es-Dur, op. 25, soeben sitzt Mozart über dem dritten Satz, sie liegen auf Halde. Die Lage hat sich verkehrt. Riß man sich dereinst um neues Material des halben Wunderkindes, dem desto schneller das Komponieren vergangen war, je bewußter ihm die aberwitzigen Konstellationen wurden, in die es sich ohne Zutun und Fluchtweg eingebunden fand, so nimmt man gegenwärtig kaum noch Notiz vom Mann Mitte zwanzig. Der steht zwar in der Blüte seiner Schaffenskraft, wie es so schön blumig heißt, Eigenständiges entsteht, Modernes im besten Wortsinn, aber während andere virtuose Pianisten und Kompositeure kreuz und quer durch Europa touren, um sich hören und sehen zu lassen, im Gespräch und im Geschäft zu bleiben, während Leute wie Vetter Carl Maria Furore machen als Kapellmeister im deutschen Zentrum, krebst der junge Mozart weiter an der Peripherie zwischen Polen, Ruthenen und Ostjuden herum und, ja was macht er eigentlich dort, lebt er denn überhaupt noch?

Lange genug hat er sich in der Provinz verschanzt. Als freischaffender Künstler kommst du hier nicht weiter, muß er sich schließlich eingestehen. Eine Kapellmeisterstelle ist nicht in Sicht, er plagt sich weiter mit Lektionen ab, um zu überleben. Als Lokalberühmtheit jedoch – er läßt Korrespondenzpartner wissen, es genüge vollauf, Briefe an W. A. Mozart, Lemberg zu adressieren – will er unter keinen Umständen enden. Er sieht nur eine letzte Chance, er muß sich stellen, anderswo in Erinnerung rufen, und zwar kräftig. Rund um das zweite, noch unvollendete Klavierkonzert zimmert er ein Programm aus eigenen Kompositionen zusammen, die meisten auf ihn selbst als Solisten zugeschnitten und bislang unveröffentlicht. Von Anlaß zu Anlaß nur leicht variiert, wird er damit in den nächsten Monaten auf Tournee gehen. Dazu gesellen sich selbstverständlich

Werke des Vaters und seines Lehrers Johann Nepomuk Hummel. Er wird sich zunächst in Rußland umtun, nimmt Wolfgang sich vor, dann Richtung Dänemark ziehen, wo die Mutter lebt, und schließlich auf der Rückreise Hamburg, Berlin, Leipzig, Dresden, Prag und Wien mitnehmen. Jetzt oder nie. Vielleicht wird sich doch noch der große Erfolg einstellen, vielleicht wird er seine neuen Sachen einträglich verkaufen können, vielleicht wird er die wichtigen Leute der Branche persönlich kennenlernen, vielleicht wird ihn die Szene aufnehmen, vielleicht wird er eine adäquate Stelle finden, vielleicht wird er, beflügelt von all den Eindrücken und dem Applaus, jene Meisterwerke schaffen, die seinen Namen berühmt und unvergänglich machen werden. Sehr witzig, vergeßt es!

In Galizien gibt er ein Abschiedskonzert, als finanzielles Polster für die teure, weite Reise ins Abenteuer soll es dienen. Die Einnahmen stimmen ihn optimistisch. Alles ist bereit, es kann sofort losgehen. Mozart engagiert einen Diener, der soll mitfahren, um ihm wenigstens den alltäglichen Kram abzunehmen, während er selbst sich darauf konzentrieren wird, die Kunstwelt zu erobern. Da stellt sich ihm, ausgerechnet jetzt, die große Liebe in den Weg: Josephine. Oder ist es umgekehrt? Erlaubt er sich, plötzlich Feuer und Flamme für eine verheiratete Frau zu sein, die er schon fünf Jahre kennt, innig und rein liebt, wie er behauptet, weil er weiß, die große weite Welt wird sich ohnehin demnächst zwischen die beiden stellen? Das Ende der länger und länger werdenden Konzertreise ist immer noch nicht abzusehen, da notiert Mozart am Tag vor dem Heiligen Abend voll melancholischer Sehnsucht in sein Tagebuch: *Wie soll ich dir die wehmüthigen Gefühle beschreiben, die sich heute meiner bemächtigten, als ich mich erinnerte, daß es eben heute ein Jahr war, daß ich in meinem Leben zum ersten mahle, so ganz sicher von jeder Störung, an deiner Seite saß, und mich einige Minuten so glücklich wähnte, als nur ein Sterblicher seyn kann. Wir waren so seelig! Suchten und brauchten keine Worte, uns unsere Gefühle mitzutheilen.* Gerade wollte er noch über seinen und des Vaters Schatten ins Freie, Offene, Unbekannte springen, da bremst er sich schon wieder ein: Josephines wegen wird er auf alle Fälle nach Galizien zurückkehren, redet er sich plötzlich ein, weil sie unter keinen Umständen von ihrem Mann weg will oder kann. Welchen Endzweck die ganze Tortur nunmehr haben soll, diese Frage schiebt er weit von sich weg. Nicht auszudenken, wenn irgendein gekröntes deutsches Haupt ihm ein gutes Angebot machen sollte, worauf er eigentlich inständig hofft. Ganz schön gespalten, der Mann.

Noch eine denkbare Variante daher: Josephine wird zu Mozarts Geheimwaffe gegen den Vater auf der Brust, der ihm die Luft nimmt, gegen die Mutter im Genick. Er setzt die Geliebte und ihre Ortsgebundenheit zwar unbewußt, aber umso konsequenter ein, die eigene Karriere systematisch zu hintertreiben. Nach außen hin und vor sich selber tut er freilich alles, um zu reüssieren. Die Frau an seiner Seite gibt es offiziell nicht. Doch so perfekt, wie die Dokumente nahelegen und er selbst vielleicht glauben möchte, hält er die Geliebte keineswegs versteckt vor der Welt. Gleich am Beginn ihrer Beziehung widmet er Josephine Baroni-Cavalcabò ostentativ seine große Sonate für Klavier und Violoncello, op. 19. Selbst der klatschsüchtigen Mutter in Kopenhagen offenbart er sich, er überbringt ihr sogar einen Ring von Josephine, den sie gern annimmt. Nissen und Konstanze, schwelgt der Sohn, lieben ihn so, *daß sie nothwendig auch alles lieben müssen was mich liebt, und was ich liebe.* Eine perfekte Sprachregelung ist das, er ist sichtlich erleichtert, und ganz nebenbei scheint die Mutter als Domina auch endgültig gebannt. Sie, die schon als Mozarts Frau beileibe keine Heilige war und später mit Nissen viele Jahre ohne Trauschein zusammenlebte, schluckt die offensichtliche Unziemlichkeit des Verhältnisses, vielleicht gerade weil ihr Sohn diese Geliebte nie ganz haben wird, aber soweit denkt Wolfgang nicht. Ein Jahr später besiegt er schließlich den Vater ebenso überzeugend, jedenfalls hat es kurzfristig den Anschein: Er läßt den Großherzog von Hessen-Darmstadt einfach auflaufen. Der ist begeistert vom jungen Mozart, bietet ihm spontan einen Kapellmeisterposten an, mitten in Deutschland. Das Ziel ist erreicht, mit dreißig Jahren gerade noch rechtzeitig. Der Klavierauszug des Rondos aus dem zweiten Konzert ist in Vorbereitung, das Ding hat sich als wirklicher Hit entpuppt und wird getrennt vermarktet werden, ausgekoppelt als Single sozusagen. Ein guter Freund redet auf Mozart ein wie auf ein krankes Pferd und *sagte alles, was ich mir selbst sagen mußte, denn ich hätte einen guten Gehalt, käme durch diese Anstellung endlich in die Cathegorie der Kapellmeister, was doch das einzige ist, was ich für die Zukunft zu hoffen hätte, hätte nicht zu viel zu thun, und daher Zeit mich auszubilden. Kurz alles stellte er mir vor, was ich mir selbst nicht verhehlen konnte, aber ich konnte mich nicht entschließen und schlug es aus, denn ich sah dich weinend vor mir.* Ätsch, Vater, sorry, Mutter. Noch die nach außen und in der einen Herzkammer seiner Brust erhoffte

Kapellmeisterstelle am Mozarteum in Salzburg zwanzig Jahre später kriegt er höchstwahrscheinlich auch wegen Josephine nicht. Der erzkatholischen Provinzstadt ist keineswegs verborgen geblieben, daß der Sproß des Vaters, ihm darin durchaus ebenbürtig, in fortwährender Sünde lebt und auch nicht ein einziges brauchbares längeres Kirchenmusikstück komponiert hat, um zu sühnen, was man dem Vater neben seinem frühen Tod immerhin zugute halten kann. Es reicht daher nur zum Titel ohne Mittel: Ehrenkapellmeister. Zu guter Letzt vermacht Wolfgang ohne Ausnahme alles der jahrzehntelangen Gefährtin, nicht dem Bruder in Mailand. Vor der ganzen Welt bekennt er sich im Tod zu Josephine und bedankt sich damit für ihren Anteil an der Ausrede vor sich selbst, an der Ausrede für das Scheitern als Wolfgang Amadeus Mozart, worum er so lange gekämpft hat. Nur genützt hat auch der gefinkelte unbewußte Plan nichts: Den Vater ist er nie losgeworden, erst recht nicht, als er sich selbst aus der direkten Konkurrenz nimmt.

Als sie sich erstmals in die Arme fallen, sitzt Mozart also auf gepackten Koffern. Die große Reise steht unmittelbar bevor, das große Rußland soll die erste Destination sein. Zwei umjubelte Konzerte in Kiew und Zytomirz bringt er hinter sich, es läuft, wer sagt's denn. Da stirbt wer im Zarenhaus. Hoftrauer wird angeordnet, vier Monate lang keine Unterhaltungsveranstaltung heißt das im Klartext. Wolfgang muß umdisponieren, er wendet sich nach Nordwesten, trifft sich heimlich ein letztes Mal für Jahre mit der Geliebten und überquert sodann die kongreßpolnische Grenze. Wo immer er absteigt, Pause macht, geht er schnurstracks ins Theater, ins Konzert. Gerädert und zerknittert mag er sein nach Stunden und Tagen in unbequemen Postkutschen auf holprigen Landstraßen bei Wind und Wetter, den ersten Akt mag er versäumt haben, überhaupt nicht wissen, was auf dem Programmzettel steht, sich ärgern, daß Kotzebues deutsche Kleinstädter sehr unzusammenhängend und schleppend gegeben wurden, er mag noch vor Ende der Vorstellung angewidert das Weite suchen, es ändert alles nichts: Mozart junior ist ein zwanghafter Kunst- und Unterhaltungskonsument und kommt am nächsten Tag bestimmt wieder.

Keine Ahnung, ob er sich auch über Kotzebue selbst ärgert, als der noch lebt, sicherlich sind ihm die weitreichenden Folgen seiner Ermordung alles andere als gleichgültig. Die fällt genau in die unruhigen Zeiten von Mozarts Europareise und ist den Herrschern der letzte und beste Vorwand für die folgenschweren Karlsbader Beschlüsse, für die sogenannten Demagogenverfolgungen und für Jahrzehnte gewaltsamer Restauration. Mozart wird das Ende der Friedhofsruhe nicht mehr erleben, von Biedermeiernachrufern wird seine lautere biedermeierliche Existenz beschworen werden, sie dürfen ja nichts anderes kennen. Über allem, was er war, tat und unterließ, wird anheimelnde Beschaulichkeit schweben, Übersichtlichkeit und Resignation. Reduziert wird er werden auf den müden Abklatsch des stilisierten Vaters, einer auf widerspruchsfreie Stimmigkeit zurechtgestutzten Biedermeierkarikatur seiner selbst. Den Vater selbst kümmert das freilich wenig, er lebt ohnehin weiter, jeder Zeit ihr Mozart. Heutzutage darf, muß er den Leuten auch im Film mit dem Arsch ins Gesicht fahren, als punkiger Rockerverschnitt Nummer eins in den US-Charts werden, als vom Mozartkugelverzehr in sein eigen Fleisch und Blut verzauberter Werbefuzzi blöd unter der Perücke hervorgrinsen, als Genius loci Salzburg distinguiert in den Würgegriff nehmen, als ertappter Triebmensch hemmungslos weibern und an der Syphilis sterben. Der Vater ist und bleibt ein schillernd bunter Paradiesvogel, wie geschaffen für die Welt des schönen Geldscheins. Rotzig und infantil, kitschig und rokokokokett, gamsig und gespalten wird er gnadenlos vorgeführt, je nach Bedarf. Und der Sohn?

Das Kriminalpatent von 1795 macht der Freimaurerei im Habsburgerreich auch formell den Garaus. Dem guten Kaiser Franz fehlt jegliches Verständnis für die geheime Menschenverbrüderei gewisser Eliten, in Frankreich haben verwandte Elemente schließlich der armen Tante vor kurzem den Kopf abgeschlagen. Da will er nicht zurückstehen: Denunzianten lassen sich ohne große Mühe finden, mit den führenden österreichischen Jakobinern wird, wie gemäßigt sie sich in ihrer Verschlagenheit auch geben mögen, kurzer Prozeß gemacht, Hochverrat und Majestätsbeleidigung lauten die griffigen Anklagepunkte. Daß Onkel Joseph die Todesstrafe für Zivilisten abgeschafft hat und die Justiz Widerstand gegen die vom Kaiser gewünschten Todesurteile leistet, bestätigt dem jungen Franz nur, wie weit die Infektion bereits gediehen ist. Also kommen die Kerle eben vors Militärgericht und werden aufgeknüpft oder sterben im Kerker wie der bedauernswerte Martin Prandstetter, mit dem Wolfgang Amadeus Mozart in der Loge Zur Wohlthätigkeit einst zusammensaß. Mozart selbst muß das alles nicht mehr erleben, sein allgemein hochgeschätzter Freimaurerbruder Angelo Soliman indessen, geraubter afrikanischer Fürstensohn und liechtensteinscher Kämmerer, liegt erst im Sterben und wird auf kaiserlichen Befehl ausgestopft jahrzehntelang als schwarze Kuriosität ausgestellt werden. Der Wind bläst aufklärerisch gesinnten Menschen und allem, was da stürmen und drängen mag, ganz schön rauh ins Gesicht, die populäre Zauberflöte darf bestenfalls als Märchen aus einer anderen Welt verstanden werden. Konstanze sieht nicht den geringsten Anlaß, die selbstgebastelte Wiedergeburt des Gatten mit dessen zwar wenig reflektierter, aber ausgeprägter Verachtung für eine Obrigkeit auszustatten, die sich bloß als gottgegeben und blutsbedingt legitimiert. Die Mutter denkt praktisch, Idealismus wird Wowi nur in Schwierigkeiten bringen und vom rechten Weg ab. Trotzdem, viele Bekannte und Freunde der Familie sind angesteckt von dem Bazillus, und irgendwann wird er es aufgeschnappt haben, der Junior, daß es Logen nicht nur im Theater gibt, daß der ferne Vater dereinst trotz angedrohter Höllenqualen klammheimlich in solchen gesessen ist, daß er noch in seinen letzten Tagen Freimaurerzeugs komponiert, ja sogar den alten Opa dazu verführt hat, sich gleichfalls diesen Geheimniskrämern anzuschließen und fürderhin als Maurermeister-U-Boot im Salzburger Gottesstaat zu leben.

Genau einen Monat, nachdem in Mannheim der Theologiestudent und Burschenschafter Karl Ludwig Sand die in Wirklichkeit bedeutungslose Symbolfigur der Reaktion, den Lustspielfabrikanten August von Kotzebue, erdolcht hat und postwendend der letzte Funke Liberalität in deutschen Landen ausgetreten wird, tragen die Brüder der Warschauer Loge Zur

Halle der Beständigkeit Wolfgang Amadeus Mozart Sohn säuberlich als Mitglied Nummer 257 ein. Hundertsiebzig Jahre wird er das vor aller Welt geheimhalten können, selbst die Frauen versteckt er nicht so konsequent. In Kongreßpolen wird der Bannstrahl die Freimaurerei erst zwei Jahre später treffen. Ob der junge Mozart auf der Durchreise aus Überzeugung beitritt, aus bloßer Sympathie für die freundlichen Gastgeber, ob er sich selbst und ein paar Eingeweihten gegenüber in den stürmischen Zeiten vor der großen Ruhe ein Zeichen setzen oder schlicht mit Vater und Großvater wenigstens in diesem einen Punkt gleichziehen will, er sagt es uns nicht, denn das kann gefährlich sein. Mit dem Aufenthalt in Warschau ist er jedenfalls sehr zufrieden, soviel vermerkt er im Tagebuch, abgesehen von einer schmerzhaften Augenentzündung.

Mozart hat Galizien während des letzten Krieges erlebt, Verunsicherung und Mangelwirtschaft, die kurze polnische Regierung 1809, den Jubel in Lemberg beim Einmarsch der Truppen des Fürstenthums Warschau. Er hat den Triumph des Ancien régime mitverfolgt, die Restauration nach dem Wiener Kongreß. Mit Metternichs eben begonnener Germanisierungspolitik im Osten kann er nichts anfangen, in seinem Fach, der Musik, hat er längst zweifelsfrei festgestellt, daß Volkszugehörigkeit und Religion nichts, aber auch gar nichts zur Sache tun. Er fühlt und gibt sich nicht als Herrenmensch, verwendet sich stattdessen uneigennützig für polnische Kollegen bei seinem Verleger, komponiert Klavierstücke, die tief in der ihm so sympathischen polnischen Tradition verwurzelt sind, er wird später einmal einen wahrhaft gemischten Chor leiten, und noch kurz vor dem Zerfall Österreich-Ungarns fallen einem polnischen Autor aus Lemberg zunächst Name und Aktivitäten von Wolfgang Amadeus Mozart (Sohn) ein, wenn er von der Musik als sympathischem Bindeglied *zwischen den einheimischen und fremden Elementen* in jenen traurigen Zeiten spricht. Von solch einer guten Nachrede können die meisten ins Land geschickten Deutsch-Österreicher nur träumen. Ihr Auftrag besteht aber auch darin, Schulen und Verwaltung rücksichtslos zu germanisieren, Polen, erst recht Juden und die von der Fronarbeit gezeichneten Ruthenen vom wirtschaftlichen Aufschwung möglichst auszuschließen. Zu diesem Zweck wird die einheimische Gewerbeproduktion ganz einfach durch ausgeklügelte bürokratische Hemmnisse wie die rigide Kommerzialwarenstempelung gezielt gedrosselt. Erzeugnissen aus den westlichen Kronländern sind dadurch langfristig neue Absatzmärkte erschlossen. Kolonialismus nennt man das in anderen Ländern. *Ein großer Politiquer* sei er, der Wowi, hat die Mutter einst gemeint. Was ist dem Lemberger Mozart davon geblieben?

Als anachronistischer Freimaurerfrischling setzt er seine Tournee durch die neue uralte Ordnung fort, in vielen Gegenden findet sich derweil kaum anderes als Ruinen, Zerstörungsreste aus den Kriegen gegen Napoleon. Trutzig pathetische Denkmäler werden jetzt allerorten aufgetürmt, die sollen erinnern an ruhm- und verlustreiche Völkerschlachten, an Glanz und Gloria der Sieger. Das freie Denken dagegen, es gerät auf dem Verordnungswege rasch aus der Mode. Während seiner Europareise durchquert der junge Mozart nicht nur die real existierende deutsche Kleinstaaterei mit ihren bürokratischen Hindernisläufen, sondern auch die bewegte Zeitgeschichte, er erlebt in Kopenhagen zehn Tage gewaltsame Ausschreitungen gegen Juden einschließlich zerschlagener Fensterscheiben hautnah mit, diskutiert die Umstände ausführlich mit einem jüdischen Theatermaler und reagiert im Tagebuch mit Abscheu. Er wird dabei wohl auch an das elende Ghetto zuhause in Lemberg denken, an die desolaten Wohnverhältnisse der jüdischen Bevölkerung. Auf den Promenaden, in den Parks dürfen sich Juden nicht blicken lassen, selbst die Gassenjugend nimmt sich alles heraus gegen sie, ohne daß jemand einschritte. Im Theater, einem Lebensmittelpunkt Mozarts, ist der kleinen jüdischen Minderheit, die es sich leisten kann, ausschließlich die letzte Galerie vorbehalten.

Viele seiner geschätztesten Gesprächspartner in diesen Monaten sind Juden und/oder notorische Freigeister. Als Mozart im Dezember 1819 in Berlin mit E.T.A. Hoffmann privat zusammentrifft, hat dessen Auseinandersetzung mit der preußischen Staatsregierung soeben ihren Höhepunkt erreicht. Als Mitglied der Untersuchungskommission zur Ermittlung hochverräterischer Verbindungen und anderer gefährlicher Umtriebe wendet er sich in mehreren Gutachten vehement gegen die erfolgte Inhaftierung unbequemer, als Demagogen verleumdeter Zeitgenossen. Mozart wird das nicht entgangen sein. Doch findet sich über politische Zusammenhänge und die Sauereien der Zeit kaum etwas in seinen Notizen. Daraus zu schließen, er hätte sich ausschließlich für die Musik, für Landschaften, gutes Essen und andere Unverfänglichkeiten interessiert, ist angesichts der allgemeinen Hysterie, der Spitzelschwärme und der Obrigkeitswillkür zu kurz gegriffen und ungerecht. Immerhin müssen seine persönlichen Aufzeichnungen mit ihm dauernd die zahlreichen Grenzen passieren, penible Kontrollen sind an der Tagesordnung. So behält er das meiste für sich. Die vielen kleinen und großen Potentaten, denen Wolfgang des Geldes wegen aufspielt und aus demselben Grund Widmungen seiner Werke submissest anträgt, er sieht sie nüchtern und gelassen. Sie sind nun einmal im Besitz von Macht und Mammon, davon will er wie andere Künstler, die von der Hand in den Mund zu leben haben, ein bißchen profitieren. Ihre Bekanntschaft und Gewogenheit sind ihm freilich weit weniger bedeutsam als jene der Geliebten oder eines bettelarmen, hochgeschätzten Komponistenkollegen in Lemberg, bei dem er den Kontrapunkt studiert. Diesen betagten Mann füttert er durch bis zum Lebensende, trotz eigener finanzieller Engpässe. Sogar den berühmten Ignaz Moscheles in London kontaktiert Mozart, ausführlich schildert er ihm die materielle Notlage, die privaten Schicksalsschläge des Johann Mederitsch, genannt Gallus, er erinnert an seine bekannte Schauspielmusik zu Macbeth und preist unveröffentlichte Werke des resignierten väterlichen Freundes an. *Meine Bitte geht dahin, ob Sie, verehrter Herr, es dahin bringen wollten, daß von den edlen Engländern, diese herrlichen Tonstücke gekauft, und die noch nicht fertigen bestellt werden, und daß dem guten, alten Meister eine Darangabe hieher gesendet würde.*

Zwischenspiel zwei

Söhne, wohin das Auge blickt. Er war auch Sohn, sieben Jahre alt damals, und ihn fror. Die letzten beiden Stunden hatte er auf dem Friedhof zugebracht, am frischen Grab des Vaters zuerst, dann ein paar Schritte weiter bei den Helden. Es war Heiliger Abend, und die Szene sollte Routine werden in seinem Kinderleben, bevor es endlich nach Hause ging zu Bratwürsteln mit Sauerkraut und der ersehnten Bescherung.

Er hatte sich durch die Zuschauermenge nach vorne gezwängt, um etwas zu sehen. Da standen Soldaten in Reih und Glied, Bläser intonierten Weihnachtslieder und Weisen, die das Kind in ihm für Weihnachtslieder halten mußte. Besonders gut gefiel ihm eine sanfte, getragene Melodie, deren Text er Jahre später erst kennenlernen sollte: *Ich hatt' einen Kameraden.*

Da lagen Soldaten in Reih und Glied, genauso akkurat und verwechselbar wie die, die noch lebten und stramm danebenstanden. Nur unvergleichlich mehr. Ihm war, wie gesagt, kalt, er trat von einem Fuß auf den anderen, die Kerzenflammen verschwammen vor seinen Augen zu einem einzigen Lichtfleck. Der Ansprache des Offiziers hörte er nur mit einem Ohr zu, das meiste verstand er ohnehin noch nicht. Aber daß von den Söhnen die Rede war, die da ruhten, das schnappte er auf, den Söhnen der Heimat, unseren Söhnen. Und daß man stolz war auf sie, weil sie ihr Leben hingegeben hatten für irgendwas.

Komisch, dachte er, da drüben liegt mein toter Vater, ich stehe als Sohn da, vor mir liegen in endlosen

Reihen andere Söhne, und ganz Österreich als ihr Vater steht quicklebendig und stolz an ihren Gräbern. Die Musiker, die Soldaten, die vielen Anwesenden, seine Mutter, die Schwester, alle waren sie also in diesem Augenblick Vater, gut, Mutter vielleicht auch. Seine Söhne waren das, schoß es ihm da plötzlich durch den Kopf, und wahrscheinlich hat er in die feierliche Stimmung hinein kurz gegrinst, so lächerlich war der Gedanke.

Jahre später derselbe Ort, dieselbe Szene. In der ersten Zuschauerreihe stand er nun nicht mehr. Ihm war längst nicht nur kalt, er fühlte sich ausgesprochen unwohl. Sie konnten sich schließlich nicht mehr wehren, die gefallenen Helden, war mittlerweile seine Überlegung, daß sie nicht nur dem Feind und den eigenen Generälen, sondern auch den Überlebenden und Nachgeborenen in die Hände gefallen waren. Posthum zwangsadoptiert, mußten sie sich, wie passend, Pflichtbewußtsein und Gehorsam bis zum Opfertod als wahre Sohnestugenden nachsagen lassen. Inzwischen hatte er in der Schule von Konzentrationslagern erfahren, dort soll es ebenfalls viele Millionen Opfer gegeben haben. Jemandes Söhne und Töchter waren die allerdings nicht. Wir hier, dort die andern.

Noch ging er mit Mutter und Schwester nach Hause, und bald standen sie wieder vor der vom Großvater mit viel Liebe zum Detail geschnitzten Weihnachtskrippe, darin ein Kindlein lag, Gottes Sohn. Auch der war ihm samt Opfertod am Kreuz mittlerweile verdächtig geworden wie die institutionalisierten Söhne unter der wirklichen Schneedecke auf dem Friedhof. Denn das lackierte Holzdach des Stalles von Bethlehem im Stil einer heimischen Almhütte drapierte seine Mutter jedes Jahr gefällig mit Watte.

Die Decoration von Fausts Zimmer war sehr gut gemalt, die Erscheinung des Erdgeistes, wozu man Ihr Bild, bester Vater, durchs Fenster collosal erscheinen ließ, machte einen großen Eindruck.

August von Goethe

Kinder berühmter Männer sind gewöhnlich einer harten Beurteilung unterworfen, indem man sie mit ihren Vätern vergleicht. Sie müssten deren Ruhm noch überstrahlen, um den Ansprüchen zu genügen, die die Welt an sie macht. Allein man vergisst, dass der Heros nicht Heros wäre, wenn er lauter Heroen zeugte, dass ferner grosse Männer selten auf ihre Kinder grosse Sorge wenden können, da sie in der Regel durch mühsamen Unterricht den Lebensbedarf anschaffen müssen, und dass endlich die meisten genialen Menschen nicht alt werden; und also ihre Kinder oft kaum den Vater kannten. Sechsundvierzig vollständige Jahrgänge der Leipziger Allgemeinen musikalischen Zeitung, des führenden deutschen Fachblattes, finden sich im Nachlaß des jungen Mozart, von ihrer Gründung bis zu seinem Tod. Er ist ein treuer Abonnent. Was ihm aus Höflichkeit keiner ins Gesicht zu sagen wagt und er selbst am besten weiß, kann, muß er darin regelmäßig nachlesen. Selten fällt die Analyse so einsichtig und sensibel aus wie in dieser Einleitung zur Besprechung des Königsberger Konzerts im Sommer 1819. Eine Bombenkritik ist das im übrigen, trotz aller Vergleiche. Abschließend spielt der forsche Rezensent noch kurz auf die Umstände an, unter denen der junge Mozart in Lemberg sein Dasein fristet, und meint: *Ist denn in Deutschland für Mozart's Sohn kein Plätzchen offen, das seinem Talent Musse gäbe? in Deutschland, das so viele Ausländer ernährt? – Aber so ist der Deutsche! Bei*

Secularfeyern sucht er wol die Abkömmlinge seiner grossen Männer unter der Hefe des Volkes und beschenkt sie mit Bibeln, Medaillen u. dgl., um kund zu thun, wie er Verdienste zu ehren wisse. Die Kinder seiner grossen Zeitgenossen zu unterstützen, fällt ihm nur selten ein.

Prophetische Worte sind das, trotz Mozarts eigenem, für Außenstehende undurchschaubaren Beitrag am Scheitern, bescheren doch allein in seinen letzten drei Lebensjahren mehrere durchlauchte Herrschaften und honorable Institutionen dem bescheiden und zurückgezogen lebenden Komponisten tolle Nichtigkeiten, für die er sich nichts kaufen kann. Als da wären: die Ehrenmitgliedschaftsurkunde der Gesellschaft der Musikfreunde des österreichischen Kaiserstaats in Wien, welche sich selbst geehrt fühlt, *indem sie einen Tonkünstler von so ausgezeichnetem Rufe unter ihren Mitgliedern zählt,* ein Ehrenkapellmeisteramtsdiplom am neugegründeten Mozarteum in Salzburg, ferner ein eigenhändiges Schreiben Seiner kurfürstlichen Hoheit des Großherzogs von Toscana in Begleitung einer Medaille, eine Brillant-Busennadel des Königs der Franzosen Louis Philippe, aber auch die Ernennung zum Maestro Compositore onorario durch die Congregazione ed Accademia Santa Cecilia in Rom, deren vorzüglicher Ruf sich auf das ausdrückliche Wohlwollen diverser Päpste gründet. Mittlerweile ist Metternichs perfektionierter Beamtenstaat allerdings zu jeder bürokratischen Narretei, selbst zur absurden Komplikation einfachster Abläufe wild entschlossen, und so muß Wolfgang Amadeus Mozart untertänigst um Bewilligung der Annahme der erwiesenen Ehre einkommen, bevor er sich für das letztlich wertlose Diplom beim Akademiedirektor in

Rom aufrichtig bedanken kann. Herr Mozart darf sich, hält der eigens angelegte Polizey-Oberdirectionsact wörtlich fest, als makelloser Mensch und Staatsbürger betrachten und, dies allerdings nur dem Sinn nach, die hohe ausländische Auszeichnung von Amts wegen zur Zierde gern an den Hut stecken. So vergeht immerhin die Zeit, und die Bürger sind ziemlich beschäftigt.

Seit 1994 liegt Mozarts Reisetagebuch 1819 bis 1821, ein aus vielerlei Gründen höchst aufschlußreiches Dokument, in einer fundiert und akribisch kommentierten Ausgabe erstmals gedruckt vor. Viele seiner Werke hingegen werden kaum je aufgeführt, existieren nur als Autographe und in Abschriften oder werden ausschließlich im mozartverrückten Japan verlegt und eingespielt. Hie und da gräbt wer was im Archiv aus, die Publikation eines Rondos für Klavier und Flöte, vielleicht aus der Spätzeit, ohne Opuszahl natürlich und vordem nur als Handschrift existent, erfolgt in den Sechzigerjahren. Das Werk ist, wohl deswegen, mittlerweile gar in drei CD-Editionen greifbar. Überrascht gibt man sich nicht nur von der Qualität des Stückes, sondern auch von der Tatsache, daß es in e-Moll und nicht in G-Dur gesetzt ist, wie einer vom anderen durch viele Jahrzehnte abgeschrieben hat, ohne das Original einmal anzuschauen, geschweige denn zu spielen. Auch handle es sich nicht wirklich um ein Rondo, sondern vielmehr schon eindeutig um eine Arbeit in Sonatenform mit den dafür typischen Merkmalen Exposition, Durchführung und Reprise. Von der filigranen Schönheit einer meisterhaften Komposition ist da beispielsweise auf einem Plattencover die Rede, und das läßt sich beim Anhören mühelos nachvollziehen. Von der Sinfonie in D-Dur jedoch kann sich bis zum heutigen Tag allenfalls ein neugieriger Experte ein imaginiertes Klangbild machen, wenn er sich persönlich nach Salzburg bemüht und die handschriftliche Partitur geduldig zu Gemüte führt. Dafür haben emsige Nachforschungen ergeben, daß es 1819 in Kopenhagen drei Männer namens Frisch gibt, den Kanzleisekretär F. E. sowie die beiden Großhändler Theodor und Constantin. Am 7. Oktober vermerkt Mozart nämlich in seinem Tagebuch lakonisch: *Zu Mittag war ich bey Frisch, und den Abend zu Hause.* Wie allen anderen noch so beiläufig erwähnten Menschen, hunderte sind das, spürt der Kommentar des Reisetagebuchs dem ominösen Gastgeber mit großem Aufwand nach. Nicht daß es neu wäre und überraschend, wenn die Kunst selbst hinter zugegeben oft nützliche Details aus dem Umfeld des Kunstwerks zurücktritt; im übrigen hat gerade der Herausgeber des Tagebuchs viel dazu beigetragen, ein paar schöne Stücke des jungen Mozart in die Konzertsäle von heute zu schmuggeln, ein Vorhalt ist ihm nicht zu machen. Und trotzdem, daß ein begabter, mäßig erfolgreicher Komponist bei einem von drei möglichen Frischs in Kopenhagen einst vielleicht ein Mittagessen einnimmt, das ist gründlich erforscht, seinen berührendsten Liedern ist indessen kaum nachgegangen worden, und vorsingen muß man sie sich selbst, wenn man es kann.

Dem gestrengen Kritiker der gedruckten Ausgabe von Mozarts Reisetagebuch mißfallen hingegen ganz andere Dinge: *Seine Urteile sind kurz und oft hart, selten begründet, ohne den Witz und die sprachliche Finesse seines Vaters, eher wenig originell.* Eher wenig originell ist auch die knallharte Forderung an den Sohn, so witzig wie der

Vater zu schreiben, zudem kommt sie leider hundertfünfundsiebzig Jahre zu spät. Stimmt, Wolfgang zündet in seinen privaten Aufzeichnungen kein Pointenfeuerwerk, sind Tagebücher aber im allgemeinen dazu da? Und die Mahnung, gefälligst einsichtig zu begründen, was soeben notiert wurde, wäre an den Vater mit wesentlich größerer Berechtigung zu richten als an den Sohn. Andererseits, liegen Originalität und Witz des Vaters nicht zumeist gerade im Aushebeln kausaler Verknüpfungen, logischer Gedankenabfolgen, im sprunghaft assoziativen Weiterhanteln? Der didaktische Fingerzeig des Rezensenten jedenfalls ist eine Anmaßung sondergleichen. Mozart hat sein Tagebuch nun einmal nicht für einen Textsorte und Textabsicht tapfer ignorierenden Kritiker verfaßt, der sich 1995 ausgerechnet im Mozartjahrbuch indigniert darüber auszulassen beliebt. Wenn dem komponierenden Pianisten auf Reisen etwas wichtig ist oder nicht, dann ist es ihm eben wichtig oder nicht, und wenn die Selbstbespiegelungen zahlreich sind, dann sollen sie, zum Teufel, eben zahlreich sein. So einfach ist das. *Nach über 100 Seiten Lektüre erwartet man anläßlich des Zusammentreffens mit Louis Spohr immerhin eine Ergänzung des Bildes von einem überregional und musikhistorisch erstrangigen Zeitgenossen. Doch das Ergebnis ist enttäuschend. Franz Xavor Mozart widmet ihm kaum mehr als 10 Zeilen.* Nein, also wirklich. Da erfrecht sich einer, der übrigens standhaft davon ausgeht, Wolfgang Amadeus zu heißen statt Franz Xaver, da erfrecht sich dieser Mensch also, Tagebuch zu schreiben, ohne sich gefälligst von vornherein fix vorzunehmen, über berühmte Gesprächspartner mehrere Seiten Originelles und Aufschlußreiches, über gewöhnlich Sterbliche hingegen tunlichst nur einen halben Nebensatz

Belangloses zu Papier zu bringen und auf Selbstbespiegelungen nach Möglichkeit ganz zu verzichten. Unverzeihlich, dieser leichtfertige, wahrhaft vorgestrige Umgang des jungen Mozart mit der Erwartungshaltung eines forschen Kritikers von heute.

Tatsächlich: Großherzog Ludwig von Baden, von dem es einmal heißen wird, er habe nur wenige Jahre vor Mozarts Besuch mit anderen Verschwörern den rechtmäßigen Thronfolger klammheimlich verschwinden lassen, um selbst der Chef zu werden – als Kaspar Hauser soll der junge Mann später wieder aufgetaucht und schließlich umgebracht worden sein –, dieser schillernde Fürst und amusische Lebemann wird von Mozart mit der schlichten Bemerkung abgetan, er habe ihn sehr gnädig empfangen. Ein hundsgewöhnlicher vierzehnjähriger Bursch, den nach Mozarts Konzert in Oldenburg das Fernweh gepackt hat, wird andererseits zum Gegenstand ausführlicher Betrachtungen. Mozart ist längst nach Hamburg weitergereist, als es klopft und das halbe Kind vor der Tür steht. *Wo kömst denn du her? zu Fuß von Oldenburg. Allein? ja. was willst du denn hier? Der Vater hat gesagt, ich soll zum H Mozart gehen, er wird mich mitnehmen nach Lemberg. Gut! wenn das der Vater gesagt hat, so hast du gewiß einen Brief von ihm? Wie der arme Teufel von einem Briefe hört, wischt er zur Thüre hinaus, und fort war er. Daß er seinen Eltern entlaufen, ist ohne Zweifel, ob er aber sich nun wieder nach Hause getraut, das weis Gott.*

Die Vermutung liegt nahe, setzt der kritische Geist im Mozartjahrbuch eins drauf, *daß Franz Xaver seine Erkenntnisperspektive dem geistigen Horizont seiner Adressatin „Josephine" angepaßt haben könnte.* Einmal tief durchatmen muß man angesichts der Verwegenheit dieses Satzes. Dem Mann müssen Informationen über den geistigen Horizont von Frau Baroni-Cavalcabò vorliegen, die ihren Zeitgenossen leider nicht zugänglich waren. Die sei nämlich mit allen Vorzügen des Geistes und des Herzens hoch begabt, irren sich diejenigen gewaltig, denen sie leibhaftig begegnet. Oder hapert es doch mit des Tagebuchschreibers eigener Bildung? Am Schluß seiner unfreiwillig humorvollen Ausführungen gewinnt der beflissene Rezensent jedenfalls angesichts der tiefen Enttäuschung Mozarts über seinen verunglückten Italienaufenthalt und den polemischen bis zornigen Aufzeichnungen darüber die sichere Überzeugung, daß es sich beim Sohn des Meisters doch um einen ungebildeten Menschen handeln müsse, wie *das mitunter bedauernswert pauschale Urteil über Umwelt und Mitmenschen* illustriere. Im Glashaus sitzen und Steine werfen, nennt man das.

Was tut er sich das auch an, dieser komische Kerl auf Europatournee. Jeden Abend todmüde heimkommen und aufschreiben, was gewesen, wie er umgegangen ist damit. Kann alles einmal gegen ihn verwendet werden. Bis Mitternacht habe er heute respektive gestern mit guten Menschen geplaudert, die *sehr zu meiner so oft gerügten Natürlichkeit* passen. Jede erdenkliche Gelegenheit, die Etikette, das enge Korsett zwischenmenschlichen Umgangs abzustreifen, ist dem jungen Mozart willkommen. Obwohl von Kindesbeinen an ein gestyltes Kulturprodukt, hat er seine selbst so bezeichnete Automatenexistenz nie wirklich verinnerlicht, rebelliert er dagegen, immer und überall funktionieren zu müssen, auch wenn er es sich selten genug erlaubt, vor anderen die Contenance zu verlieren. Subjektiv wenigstens geht er konsequent davon aus, sich seine Natürlichkeit bewahrt zu haben. Der Begriff bleibt eindeutig positiv besetzt, Mozart ist sich auch im klaren, dafür gescholten zu werden, Tadel einstecken zu müssen, und das nicht zu knapp. Von wem? Von denen natürlich, die ihn hinter seiner Fassade kennen und bestimmte Erwartungen an ihn knüpfen, von der Mutter zum Beispiel. Josephine ist Adressatin der zitierten Bemerkung, und fraglos weiß sie von Situationen zuhause in Lemberg, in denen Wolfgang für alle überraschend und zum Mißfallen vieler schlicht er selbst war. Will er ihr zu verstehen geben, sie müsse ihn schon nehmen, wie er eben sei, wenn sie ihn denn wirklich haben wolle? Oder war es ohnehin das Unverstellte, das Authentische an ihm, was sie angezogen hat, seine Offenheit, Verletzlichkeit, daß er sich selbst ein ernsthaftes Thema war, das von Anfang an zur Debatte stand zwischen ihnen? Will er ihr also versichern, er sei derselbe geblieben, auch draußen im großen, weiten Abendland, das zu viel Natürlichkeit mit gesellschaftlicher Ächtung, bei Bedarf mit dem Untergang quittiert? Oder sind seine Notizen, Geliebte hin oder her, am Ende doch in erster Linie an ihn höchstselbst gerichtet, als Rückversicherung quasi, nach einem langen Tag voller Einübung in rituelle Gepflogenheiten, die so eine Künstlerexistenz halt mit sich bringt, vor dem Zubettgehen zwanglos mit jemandem kommunizieren zu können, dem er nichts vorzumachen braucht, der ihn zur Reflexion über seine jeweilige Befindlichkeit anstiftet und über seinen momentanen Platz in der Welt.

Nach Josephines Tod kommt sein Reisetagebuch in den Besitz eines Auktionshauses, das es 1899 dem Mozarteum in Salzburg anbietet. Dem ist das private Geschreibsel des falschen Mozart zu teuer. Also wird es versteigert. Über einen deutschen Musikforscher läßt sich die Spur zu einem belgischen Arzt verfolgen, der von den Nazis ein paar Tage nach der erhebenden Wiener Gedenkfeier zum hundertsten Todestag des jungen Mozart ermordet wird. Doch hat Jean-Louis Hollenfeltz das Autograph und andere von ihm zusammengetragene Mozartiana noch rechtzeitig der Bibliothèque du Conservatoire Royal de Musique in Brüssel übergeben können und angeordnet, falls ihm etwas zustoße, solle alles in den Besitz dieser Institution übergehen. Als Mikrofilm findet das Tagebuch nach dem Krieg schließlich doch noch preisgünstig nach Salzburg, man muß eben nur Geduld haben. 1956 wird es dann auszugsweise in einem blumigen, wenngleich informativen Buch über die Söhne Mozarts erstmals abgedruckt, das stolz auch mehrere *von W. A. Mozart Sohn benutzte Fahrkarten* (Eisenbahn, Schiff, Wagen) photographisch wiedergibt.

In fast allen Konzerten seiner Tournee treten Sängerinnen und Sänger auf. Es gibt Arien des Vaters zu hören, aber auch Lieder des Sohnes. *An Emma* und *Wie der Tag mir schleichet* wählt er am häufigsten aus, zwei Liebesgedichte sind das. Daß sie von Schiller und Rousseau stammen, ist bemerkenswert. Die gängigen Schlagertexter haben damals wie heute andere Namen, und schon vor bald zweihundert Jahren wird über kein Thema so viel peinlicher Schwulst verfaßt wie über die große Liebe, die nackt und ohne verkrampften Überbau selbst doch nie wirklich peinlich sein kann. Rousseau ist schräger Vogel und empfindsam genug, um diesen Gefahren wirkungsvoll zu begegnen. Der junge Mozart ärgert sich, daß *Emma* mehr Eindruck auf die Zuhörer macht, *obwohl ich überzeugt bin, daß der Schleicher besser ist. Vielleicht weil das Schillersche Gedicht mehr bekannt ist.* Ihm ist sehr wohl bewußt, welche Bedeutung der Inhalt, der Text für ein wirklich gelungenes Lied hat. Frische, junge Verliebtheit ist ein allzeit populärer Stoff, eine gescheiterte, vielleicht nie ausgelebte Beziehung und die Trauer darüber sind ein mindestens ebenso dankbares Thema. *An Emma* zum Beispiel handelt davon. Der anhaltenden innigen Verbundenheit mit dem geliebten Partner in passenden Worten Ausdruck zu verleihen, ist dagegen ungleich schwieriger. Dieser Konstellation fehlt meist schlicht der Höhepunkt. *Wie der Tag mir schleichet, ohne dich vollbracht,* fängt Rousseau also an und nützt geschickt die Spannung, die sich aus der nur kurzfristigen, harmlosen Trennung der beiden speist, aus der Sehnsucht nach Nähe, nicht der geistigen, die wird vorausgesetzt. Ganz Körper, ganz Sinnlichkeit ist die letzte Strophe: *Wie ich ahnend zittre, wenn dein Tritt erschallt! / Wenn ich dich erblicke, wie das Blut mir wallt! / Öffnest du die Lippen, klopfet mir das Herz; / deine Hand berühren reißt mich himmelwärts.* Das klingt doch nicht schlecht. Mozart steht auf sowas.

Konstanzes böser Bube hat längst selbst einen Hund. Dem mutet er zu, sein Reisebegleiter durch halb Europa zu werden. Auch dieses Tier heißt Ami, wohl oder übel macht es mit. Zwar riecht es in den feuchten Kutschen noch etwas strenger, wenn Ami sich um Mozarts Füße zusammenrollt, dafür ist er warm und, der Name läßt von vornherein keinen Zweifel aufkommen, ein treuer Freund. Monatelang geht alles gut, ein Hundeleben ist es soundso. Sogar auf dem alten

Frachtkahn Castor von Danzig nach Liverpool, der Mozart bis Dänemark mitnimmt, ist Ami dabei. Das Herrchen lebt ohnehin nur von Schiffszwieback, weil ihm das ewige Pökelfleisch mit Erbsen auf schmutzigen Tellern bald Brechreiz verursacht, sein Diener ist permanent seekrank und folglich ebenfalls kein ernsthafter Nahrungskonkurrent. Da bleibt genug für das Tier. Bei Herrchens Mutter in Kopenhagen winken einige Wochen Hundenormalität mit regelmäßigem Spaziergang, ausreichend Bäumen und einem festen Platz in der Wohnung. Während Wolfgang wie überall den ganzen Tag unterwegs ist, um sein Konzert zu organisieren, sitzt Konstanze mit dem Tier gemütlich im Park. *Meine Mutter verlor mir meinen Ami,* steht eines Tages im Tagebuch, und Mozarts Wortwahl macht deutlich, daß er nicht eben ein widriges Schicksal für dieses Ungemach verantwortlich macht. Hat Konstanze nicht schon früher wenig Freude mit denen gehabt, die ihrem Sohn nahestanden, ob Hund oder Mensch? *Mein Ami noch nicht da!!; Spät kamen wir nach Hause, aber ich wurde nicht von meinem Ami empfangen; Das Concert ist in der Zeitung angekündigt, so wie auch mein armer Ami!* Mozarts tägliche Notizen schließen ab jetzt mit solchen Sätzen, der Hund bleibt für immer verschwunden.

Was darf die Frau? In erster Linie reproduzieren. Nein, der junge Mozart scheint gut damit leben zu können, ohne Nachkommen zu bleiben, vom Kinderkriegen redet er nicht. Vielmehr sei ihm eine Vertreterin des weiblichen Geschlechts nicht geheuer, bekennt er freimütig, wenn sie Originäres schaffe, Kunst zum Beispiel, Musik gar. Widerwillig kommt er dem mehrfach geäußerten Ansinnen der damals berühmten Mozartsängerin Pauline Anna Milder-Hauptmann, Beethovens erster Leonore, schließlich doch nach, ihre Schwester bei Gelegenheit in Berlin zu besuchen. Die komponiere recht artig, erfährt er. *Ich liebe derlei Vollkommenheiten bey Weibern nicht,* trotzt Konstanzes Sohn, aber das klingt apodiktischer, als es gemeint ist. Denn ihr außergewöhnliches Talent überzeugt ihn sofort. *Es ist doch etwas eignes mit unsern Vorurtheilen.* Als Kinder hatten Jeanette und er regelmäßigen Umgang, und es sei ihnen beiden recht angenehm gewesen, einander wiederzufinden, formuliert Wolfgang bedächtig. Jahre später wird er sich ohne Murren für die beachtlichen Kompositionen von Josephines Tochter Julie stark machen. Doch muß er Frauen, seine eigenen Vorurteile sind schließlich auch jene der Gesellschaft, das ganze Leben lang nicht als ernsthafte Konkurrenz fürchten, was sie schaffen, erklingt, wenn überhaupt, verschämt im Salon, und das bestenfalls recht artig.

1820 ist Wolfgang Amadeus Mozart Sohn endlich wer. Über Hamburg ist er nach Berlin gekommen. Bei seinem Konzert bleibt sogar Friedrich Wilhelm der Dritte, ganz gegen seine Gewohnheit, bis zum Schluß persönlich anwesend. Der Geist des Vaters ruhe auf ihm, steht in der Konzertkritik, also scheinen die frommen Wünsche im Stammbuch des Kindes doch etwas bewirkt zu haben. Großer Applaus, er wird stürmisch bedrängt, noch ein zweites Konzert zu geben, eine unerhörte Sache ist das damals, Mozart willigt natürlich ein. Wieder Begeisterung, der Preußenkönig ist erneut ins Theater gekommen. Wie es üblich ist, hängt man die Aufführung eines Bühnenwerkes an. Normalerweise findet Mozart im Tagebuch meist einen Satz für die

Qualität des Stückes, hebt er eine Schauspielerin hervor, wundert er sich über die seltsame Dramaturgie. Diesmal ist er ganz kurz angebunden. Von Kotzebue sei das Lustspiel, *Der Freimaurer* sein Titel. Punkt. Mozart hält dicht. Der König wird viel gelacht haben.

Immer noch führt der junge Mozart ein Stammbuch mit sich. Jetzt, wo er Erfolg hat, soll er den Eintragungen nach nicht länger so werden wie der Vater, er ist offensichtlich am Ziel, mit Abstrichen freilich, aber das wäre an sich problemlos zu verkraften. In seinem Album liest sich dieser Umstand dann allerdings folgendermaßen, eine kleine Auswahl nur: *Wohl dem, der seiner Väter gern gedenkt, Ans Ende dieser schönen Reihe Sich geschloßen sieht! Dem verehrten Sohn des verehrten Mozart. – Dem liebenswürdigen, talentvollen Sohn des nie alten, aber unvergänglichen Mozart. – Ein erhabnes Loos, ein göttliches, ist Dir gefallen; Schon vor des Hauptes Beginn sind dir die Schläf bekränzt. – Leben Sie froh, leben Sie glücklich im schönsten Ruhm des Sohns, der von einem Weltangebeteten Vater stammt, an Sitte und Kunst ihm gleich! – Deßen reiche Talente des gefeierten Vaters Andenken in frischem Jugend-Glanz erneuern!!! – Zum Andenken an jenen Augenblik, wo ich Sie mit festgeheftetem Blicke auf des großen Vaters Bild spielend erblikte. – Doch zweifach preiß't man dich glücklich, Weil zu der eigenen Kunst Ruhm sich des Vaters gesellt.* Wo er geht und steht, Erfolg hin oder her, er bleibt wie befürchtet weiter in erster Linie des Vaters Sohn, wenn überhaupt. Denn Mozart heißt zwar der Mann am Flügel in Hamburg, von seinem Klavierkonzert op. 25 ist der Berichterstatter über alle Maßen beeindruckt. *Gerühmt werden auch die Lieder des Concertgebers. Die übrigen vorgetragenen Compositionen waren,* richtig geraten, *von Mozart.*

Es geht nach Leipzig. Einunddreißig Jahre zuvor ist der Vater im Gewandhaus aufgetreten, ältere Besucher erinnern sich noch persönlich daran. Am selben Ort spielt der Sohn jetzt dasselbe Klavierkonzert noch einmal und dann ein eigenes. Helle Begeisterung, über fünfhundert zahlende Zuschauer, tolle Einnahmen. Ein paar Monate lang ist dieser Wolfgang Amadeus Mozart zumindest ein mittlerer Star. Die erste euphorische Zeitungskritik im Leipziger Tageblatt wird erst tags darauf erscheinen, da nützt der junge Mozart bereits, ganz gegen seine Gewohnheit, die Gunst der Stunde und verkauft sich gut, indem er seine Kompositionen gut verkauft und so den jahrelangen Lemberger Frust mit einem einzigen Federstrich unter den Vertrag los wird. Bei Peters ist er gut aufgehoben, eine nach der anderen werden die Arbeiten aus der Schublade jetzt endlich veröffentlicht werden. Breitkopf & Härtel bleibt weiterhin der Hauptverlag des Vaters, bis ans Lebensende wird Mozart deshalb Korrespondenz halten, aber die unerträglichen Vermischungen der beiden, die peinlichen Demütigungen seiner Person haben ein Ende gefunden. Daß er als Pianist nicht den virtuosen Modescharlatan, den technisch brillanten Blender abzugeben versuche, seine überragenden Fähigkeiten vielmehr bewußt in den Dienst der jeweiligen Komposition stelle, sich ohne Präsenzverlust bescheiden zurücknehme, das wird von den Zeitungen als besonderer Vorzug seines Spiels herausgestellt. Sowas freut ihn fraglos, übermütig wird er nicht. Man prophezeit ihm als Tonschöpfer eine glänzende Zukunft. Wie man sich irren kann.

Als attraktiver Newcomer wird er in den besseren Kreisen herumgereicht, trifft er mit Gott und der Welt zusammen. Einmal speist er mit dem Verleger Campe zu Mittag, dann wieder soupiert er beim Bankier Reichenbach. Die feine Leipziger Gesellschaft Lyra, in deren Räumlichkeiten alle vierzehn Tage über hundert Leute zu dichterischen und musikalischen Vorträgen zusammenkommen, schickt eine Einladungskarte und nach Mozarts aufsehenerregendem Besuch auch gleich das Ehrenmitgliedschaftsdiplom. In Dresden das nämliche Bild: König Friedrich August von Sachsen lädt zum Privatkonzert, Mozart spielt und bekommt vom Monarchen allerlei Schmeichelhaftes zu hören. Vetter Carl Maria von Weber läßt ihn bei sich zu Hause einiges aus seiner neuen Oper *Der Freischütz* hören, Wolfgang lobt die Musik des anverwandten Konkurrenten unverbindlich als sehr schön, fleißig und charakteristisch. An einem Vorfrühlingsmorgen besucht Mozart gut gelaunt Dresdens Kupferstichkammer, dann holt er sich einen Brillant-Ring ab, den ihm der König als Ausdruck der allerhöchsten Zufriedenheit fürs Konzert bei Hofe gespendet hat. In der königlichen Gemäldegalerie schaut er nach dem Essen bei Raffaels Sixtinischer Madonna und anderen Meisterwerken vorbei, danach findet er noch Zeit für nicht weniger als vier Besuche. Ein durchschnittlicher Tag ist das. Ach ja, nebenbei spielt er für die Prinzessin Therese von Sachsen, eine Schwester des österreichischen Kaisers, an diesem neunten März noch Briefträger an den Bischof von Olmütz, einen weiteren Bruder und Erzherzog.

Mozart beweist eine erstaunliche Kondition in diesen Monaten. Er läßt nichts aus, aber es ist nur eine Frage der Zeit, bis sich das hektische Leben ohne jede Erholungspausen auf seine labile Gesundheit auswirken wird, *denn ich lange wirklich nicht mit der Zeit aus, denn es giebt überall der Geschäfte genug, und freilich auch Einladungen ou je m'amuse par fois, aber wo ich mich auch sehr oft, und öfter recht herzlich langweile.* Fast wirkt es in diesem Augenblick wie eine Pflichtübung vor der Geliebten, wenn er in seinen Aufzeichnungen den angenehmen Seiten des so lange ersehnten Erfolgs sofort die lästigen, unumgänglichen Begleiterscheinungen folgen läßt. Ähnlich dürfen wir uns den Aufbau der Briefe an Josephine vorstellen. Diese jedenfalls beginnen ernsthaft Zweifel zu beschleichen, ob Wolfgang sich tatsächlich binnen zwei Monaten wieder in Lemberg einfinden wird, wie er nach wie vor beteuert. Er könnte auf den Geschmack gekommen sein, fürchtet sie. Ein Indiz: Seine Briefe kommen nicht mehr so regelmäßig wie gewohnt. Sie macht ihm Vorhalte deswegen, er reagiert gereizt, schließlich versöhnt man sich noch einmal für ein paar Wochen. Bei Teplitz überquert er nach zehn Monaten Abwesenheit die Grenze des Habsburgerreichs. Er freut sich auf Prag und besucht sofort den Pflegevater des Bruders, bei dem auch er als Fünfjähriger eine Zeitlang lebte. Die Vorbereitungen für das Konzert sind weit gediehen, der Termin steht, da befällt Mozart ein rheumatisches Fieber. Eine ganze Woche kann er sich kaum rühren, dann muß er sich aus dem Krankenbett zwingen und ohne ausreichende Proben vor sein Publikum treten. Er reißt sich zusammen, es geht gut, sehr gut sogar, obwohl er sich hundeelend fühlt während des gesamten Abends. Noch einmal ist es sich ausgegangen.

Was in den kommenden Wochen passiert, logisch läßt es sich nicht erklären. Da ist einmal der Reiseablauf:

Nach einem längeren Aufenthalt in Wien will Mozart unbedingt zurück nach Lemberg. Völlig überraschend aber wird er sich nach Süden wenden, in der Steiermark und Krain gastieren, mit dem Vapore von Triest nach Venedig übers Mittelmeer fahren, das ihn nur wenig beeindruckt: ein großer Teich, mehr nicht. Schimpfend wie ein Rohrspatz wird er durch Oberitalien ziehen, die ehrfurchtgebietenden Alpenpässe auf abenteuerlichen Pfaden hoch zu Roß überqueren, nach ein paar Auftritten in der Schweiz noch monatelang mit mehr oder weniger Erfolg Süddeutschland zwischen Freiburg, Frankfurt und München beehren, dabei gutdotierte Kapellmeisterposten ausschlagen, seine allerletzten Chancen werden das sein, bevor er über Salzburg wieder nach Wien gelangt. Dort wird er ein ganzes weiteres Jahr zubringen und erst dann, mit fast dreißig Monaten Verspätung, endlich wieder nach Galizien aufbrechen. Wovor flüchtet er? Was kann es sein, dem er nachhechelt?

Schreiben müßte er jetzt, und tatsächlich, beim ersten Zwischenstopp in Wien findet Mozart gleich nach einer Woche Muße und Kraft, den fehlenden Mittelsatz des zweiten Klavierkonzerts nachzuliefern. Beim nächsten Auftritt schon baut er das neue Andante erstmals ein, den Leuten gefällt's dermaßen, *daß man mitten hinein klatschte.* Trotz aller Hetzjagd wieder komponieren zu können, dieses Glücksgefühl führt er auf Josephines letzten lieben Brief zurück. Noch zwei Tage, bevor ihn der übernächste erreicht, ein Keulenschlag wird das werden, schreibt Mozart intensiv an dem von Peters bestellten Klavierauszug des Rondo aus dem Es-Dur-Konzert. Um diese Zeit wohl lädt der Verleger Diabelli die vorzüglichsten Tonsetzer Wiens und der k. k. österreichischen Staaten zu einer Variationenanthologie ein. Diabelli selbst gibt ein C-Dur-Thema vor. *Veränderungen über einen Walzer für das Pianoforte* ist der geplante Titel des Sammelwerks. Für den ersten Teil liefert Beethoven gleich dreiunddreißig Stück, im zweiten sind Leute wie Johann Nepomuk Hummel, Franz Liszt, Wolfgang Amadeus Mozart und Franz Schubert vertreten. Für einen kurzen Moment in seinem Leben finden es selbst die Verleger nicht nötig, den Zusatz Sohn anzufügen. Der Name spricht wieder für sich selbst. Mozart und Schubert versuchen sich zudem beide an einem Gedicht Grillparzers: *Nacht umhüllt mit wehendem Flügel, Thäler und Hügel, ladend zur Ruh'. / Und dem Schlummer, dem lieben Kinde, leise und linde, flüstert sie zu: / Weißt du ein Auge wachend in Kummer, lieblicher Schlummer drücke mir's zu. / Fühlst du sein Nah'n? Ahnest du Ruh'? Alles deckt Schlummer, schlummre auch du!*

Gut möglich, daß er dieses Lied kurz nach dem Zerwürfnis mit der Geliebten komponiert, der großen Krise. Wolfgang hat etwas falsch gemacht, die Reaktion Josephines läßt ihn völlig verzweifeln, um Verzeihung fleht er, irgendwie renkt sich die Sache zwar langsam wieder ein, aber es bleibt etwas zurück. Hat er sich mit einer anderen Frau eingelassen, und irgendjemand hat der Freundin davon Mitteilung gemacht? Ist diesem Jemand vielleicht auch nur die Phantasie durchgegangen, und Wolfgangs gewohnt unbefangener, wenig zurückhaltender Umgang mit den Damen hat den unbekannten Berichterstatter zu falschen Schlüssen verführt? Hat Mozart unter Umständen doch endlich vorsichtig angedeutet, die ungewohnte Publizität noch etwas länger auskosten zu wollen, und sie ihm im ersten Zorn den ganzen Beziehungskrempel hingeschmissen? Waren es gar nur ein paar nicht geschriebene, verloren gegangene oder verspätet angekommene Briefe, die für diese massive Zäsur verantwortlich sind? Egal was geschehen ist, er wird die nächsten beiden Jahre weder verbissen an seiner Karriere arbeiten, noch setzt er seinen Ambitionenen einen klaren, unmißverständlichen Schlußpunkt. Wenn es stimmt, daß Mozart immer noch nicht weiß, was er wollen soll, dann muß er genau jetzt besonders nervös werden. Er steht am Scheideweg, und die Wegweiser sprechen eine deutliche Sprache: Entweder er wird trotz Vater und Mutter, was sie vorhatte mit ihm, ein erstrangiger Musiker mit einem langen Atem, weil er es sich nach den letzten Erfolgen mittlerweile selbst zutraut. Dann muß er sich heute noch unmißverständlich dafür entscheiden, Flagge zeigen, den Fahrtwind nutzen, sich überall sehen lassen, auf Teufel komm raus Kompositionsaufträge keilen, Josephine zur Episode erklären, Lemberg vergessen. Oder er fährt heim. Dann war alle Anstrengung zwar umsonst, der Erfolg Episode, nicht Josephine, man wird ihn schnell wieder vergessen, aus den Augen, aus dem Sinn. Aber den elenden Druck wäre er los, der ihm jetzt schon die Triumphe verleidet. Mozart drückt sich vor der Entscheidung, statt zu agieren reagiert er, wenn überhaupt. Alles bleibt in der Schwebe, zieht sich, entfernt ihn unmerklich Schritt für Schritt von der Bühne.

Er ist jetzt auch aus anderen Gründen oft unleidlich, grantig. Wer gerade in Berlin, Leipzig und Prag vor vollen Häusern gastiert hat, dem muß sofort auffallen, Wien ist, was das Publikum anlangt, noch längst nicht wirklich das ideale Pflaster für einen, der Mozart heißt. Letztlich erweist sich die Residenzstadt als musikalische Provinz, trotz Beethoven. Franz Schubert ist ohnehin vorderhand ein Niemand, ein Anfänger eben, wie Mozart nach dem Besuch seiner kleinen Oper *Die Zwillingsbrüder* durchaus nicht abwertend vermerkt. Schuberts Musik gefällt ihm, *ist aber ein wenig zu ernst gehalten*. Nach zwei Wochen Aufenthalt paßt nichts mehr so richtig. Mozart hat fürchterliche Zahnschmerzen, ein Geschwür kündigt sich an. Trotzdem veranstaltet er im Kleinen Redoutensaal sein Konzert. Ein Wiener Blatt will besonders originell sein und kündigt ihn als lebendes Werk des Vaters an, welches wie seine anderen zur Seele spreche und Begeisterung erwecke. Wolfgang sei ebenso anziehend wie der *Don Giovanni* und *Die Zauberflöte*. Der Saal bleibt trotzdem halbleer.

Die Stadt. Mozart streift endlich nicht nur im Kopf durch sein Wien. Kindheitserinnerungen an allen Ecken und Enden. *Von jedem Hause, jedem Strauche kamen mir Bilder der Vergangenheit in den Sinn.* Gemischte Gefühle sind das. Die Menschen. *Viele meiner damaligen Freunde fand ich nicht mehr am Leben.* Die wenigen weltoffenen, engagierten Professoren des Schottengymnasiums sind als erwiesene Demagogen längst entlassen, mit lächerlichen Zwangspensionen abgespeist, einer studiert mit über vierzig in Ungarn gerade Medizin. Dreizehn Jahre sind eine lange Zeit. Wolfgang besucht seine alten Musiklehrer Hummel, Streicher und Salieri, nicht aber Ludwig van Beethoven, den unumstrittenen Platzhirschen. Der ärgert sich ordentlich darüber, so steht es wenigstens in seinen Konversationsheften, er hält den Mozartsproß für ungeheuer eitel. Beethoven hat den Vater bewundert, ist tief gekränkt und urteilt nach dem Hörensagen über den Sohn. Verständlich irgendwie. Aber Mozarts Gesicht ist wochenlang verschwollen, sein Diener Martin verabschiedet sich von einem Tag auf den anderen unter Tränen, ist ihm doch viel Schlechtes über seine Frau in Lemberg zu Ohren gekommen, da drücken zudem die Bilder und Gerüche der schwierigen Kindheit aufs Gemüt, die toten und die so veränderten Freunde von früher, die Beziehungskrise mit Josephine, die geringe Resonanz beim breiten Publikum zuhause in Wien. Knüppeldick kommt es, Mozart ist am Boden zerstört. Er notiert ausweichend, die Landsleute seien seiner Spielart gänzlich entwöhnt. *Warum stand auch der Name Rossini nicht auf dem Anschlagzettel,* schreibt der Korrespondent der Leipziger Allgemeinen musikalischen Zeitung sarkastisch nach Mozarts Konzert über den mangelnden Publikumszuspruch und die Vorlieben der Wiener. Trotz aller musikalischen Bezüge heißt das im Klartext, Wien und Mozart haben sich auseinandergelebt, entfremdet. Beethoven? Warum in solch einer Gemütslage einem Titanen gegenübertreten, der für all das steht, was einem an sich selbst abgeht: Gluck, Haydn, Mozart, Beethoven heißt längst die Reihe der Heroen, in der Fremde hat der Mann aus Bonn als Tonschöpfer sein Glück gemacht, und zwar, was viel schwerer wiegt, ausgerechnet in Wien. Mit Beethovens Werk hat Mozart übrigens auch keine ungeteilte Freude, er verehre ihn, wo er zu verehren ist, heißt es kryptisch im Tagebuch. Später, Beethoven ist längst selbst eine tragische Gestalt geworden, kommen die beiden einander doch noch näher. Sein Benehmen sei nicht sehr anziehend gewesen, urteilt Mozart nunmehr, im Grunde aber habe es sich um eine liebenswerte Natur gehandelt, die bei näherer Bekanntschaft angenehmer und herzlicher geworden sei.

Dreihundert eng beschriebene Seiten über Mozart und die Nachwelt füllen hundertsiebzig Jahre später ein stattliches Buch. Ein weithin anerkannter Mozartforscher mit ordentlichem Lehrstuhl wendet sich darin mit viel Material, so erläutert der Klappentext, an den kulturhistorisch interessierten Musikliebhaber. Wolfgang Amadeus Mozart Sohn sind insgesamt nur wenige Zeilen gewidmet, eine Randerscheinung ist er auch für diesen Autor. Kein Problem. Nur, fast jedes Wort, das er sagt über den jungen Mozart, ist schlicht falsch oder führt in die Irre, zeichnet ein vollkommen unhaltbares Bild. Weder ging es um Joseph Haydns fünfundsiebzigsten Geburtstag, als der Knabe Mozart im Theater an der Wien die ihm gewidmete Kantate präsentierte, noch war er selbst damals zehn. Daß Mozart junior sehr ehrgeizig war, steht so apodiktisch wie unbegründet im Raum und ignoriert die bestimmende Rolle der Mutter völlig. Beethovens Wort vom eitlen Mozartsohn erhält durch die Autorität des Meisterurteils unverdientes Gewicht, daß er Wolfgang damals persönlich gar nicht kannte und nahezu alle Zeitgenossen ihn unisono im Gegenteil als liebenswürdig, umgänglich, bescheiden, nachdenklich und ernsthaft beschreiben, bleibt dafür unerwähnt. Daß er das Leben eines reisenden Virtuosen führte, gilt nur sehr eingeschränkt für knappe drei Jahre. Der belastete Virtuosenbegriff ergänzt außerdem die Vorstellung vom eitlen, ehrgeizigen Mann, der sich auf die biologische Herkunft weiß Gott was einbildet, kongenial um die Facette der interpretatorischen Oberflächlichkeit rein technischer Vortragsbrillanz. In Dutzenden zeitgenössischen Zeitungskritiken wird indessen hervorgehoben, daß Mozart ganz frei sei von der Pianistenmode, *blos darauf bedacht zu sein, durch Überwindung ungeheurer Schwierigkeiten Bewunderung zu erregen.* Ähnlich dem Vater sei er, heißt es in einem anderen Blatt, *nicht an einer besonderen Manier, sondern eben nur an der Kunst selbst zu erkennen.* Das deckt sich mit Mozarts eigenen Äußerungen und seinem künstlerischen Anspruch, seiner leidenschaftlichen Abneigung gegen Effekthascherei, leere Fingerfertigkeit. Und mit dem Gehalt seiner Musik.

Wer die breite Nachwirkung des großen Wolfgang Amadeus Mozart in einem seriös aufgebauten Sachbuch zweihundert Jahre hindurch begleiten will, bringt es im Namensregisteranhang gut und gern auf tausend Eintragungen. Sören Kierkegaard etwa, für den Mozart Religion war, ist auf den Seiten 159f, 250, 272 und 288 präsent, Herbert von Karajan kommt auf 261, 270 und 275 vor, Joseph Goebbels gibt sich auf 256f die Ehre. Franz Xaver Mozart wird ebenfalls nur ein einziges Mal erwähnt, auf 27f nämlich, da wird er gerade umgetauft. Der einzige Name, der im Register gänzlich abgeht, ist jener von Wolfgang Amadeus Mozart selbst. Vollkommen logisch, denkt man auf den ersten Blick, um ihn geht's schließlich auf jeder einzelnen Seite, er ist immerhin zentraler Gegenstand der vorliegenden Untersuchung. Nur: Ab 27f heißt auch der Sohn so, und vorkommen tut er schon noch öfters, unter anderem auf den Seiten 84f und 166. Aber leider korrekt als Wolfgang Amadeus Mozart und daher nicht mehr im Register. Vom Vater spurlos absorbiert, könnte man sagen.

In den Zeitungen wird die Moralkeule geschwungen, den Wienern werden die Leviten gelesen, aber ordentlich. Fast nur Künstlerkollegen seien bei Mozarts spärlich besuchtem Konzert da gewesen, wo man doch fest darauf vertraut hatte, die Massen würden sich um die letzten Karten raufen. Ob man denn schon vergessen habe, daß der Vater die dreitausend Taler Gehaltsangebot des preußischen Königs ausgeschlagen habe und für lumpige achthundert Gulden in Wien geblieben sei, trotz Neid und Mißgunst. Diesen Vater hätte man billig im Sohn ehren können, unabhängig zunächst von dessen eigenen künstlerischen Verdiensten, aber nein, so sind sie nun einmal, die Wiener! Der Sohn in der Funktion Jesus' angesichts der reuigen Maria Magdalena, des Priesters im Beichtstuhl, kommet zu mir und eure Sünden wider den Vater im Himmel werden euch vergeben? Wolfgang ist nicht vom Vater gesandt, die Sünden zu tilgen, es tut ihm aufrichtig leid, aber das muß ein Mißverständnis sein. Er ist nun einmal nicht der Messias, er will einfach musizieren und daß die Leute in erster Linie seinetwegen kommen. Ein frommer Wunsch ist das.

Die Apotheose hat sich dreißig Jahre nach seinem Tod längst vollzogen. Der himmlische Mozart sitzet bereits zur Rechten des himmlischen Vaters, und wie üblich hat man unter den einschlägigen Predigern hier herunten ein schlechtes Gewissen, mit dem Gesandten Gottes auch in seinem Fall nicht geziemend umgegangen zu sein. Also will man sühnen, etwa durch verordnetes Hätscheln der lebenden Komposition von Konstanze und Wolfgang. Der Sohn merkt die Absicht und ist verstimmt. Auch Büsten werden schon da und dort modelliert, mit Lorbeer garniert, Denkmäler geplant und errichtet, oft genug schaut Mozart darauf aus wie irgendwer. Der Junior steht vor Hans Memlings Gemälde *Das Jüngste Gericht* in Danzig und bekennt unumwunden seine Vorliebe für die Qualitäten der Hölle. Jedes Antlitz dort sei ausdrucksstark, voller Schmerz und Verzweiflung, im Himmel hingegen finde man, außer bei ein paar Alten, nur langweilige, nichtssagende Gesichter. Zwar habe er sich von Fachleuten erklären lassen, dort oben hörten sich alle Leidenschaften auf, er sehe aber trotzdem nicht ein, warum das Elysium nur charakterlose Gesichter zulasse. Welcher Art müsse die innigste Freude der Gottesnähe sein, fragt Mozart sich bestürzt, wenn man angesichts ihrer so leer aus der himmlischen Wäsche schaut?

Der Gott des Alten Testaments sieht wohlgefällig, wie der betagte Abraham seinen Sohn gehorsam auf den Opferaltar schnallt. Sein Kollege aus der Bibel zweitem Teil denkt nicht im Traum daran, den Kelch an dem seinen vorüberziehen zu lassen, als der am Ölberg Blut schwitzt. Prüfungen sind das. Und soviel hatte er in der Schule schon fürs Leben gelernt, daß Prüfungen keine wären, ginge es entspannt zu dabei, wären sie gespeist von der wohlwollenden Neugier des Lehrers, wie weit die jungen Leute auf dem Weg, ihn überflüssig zu machen, schon vorgedrungen seien.

Gott aber war immer und überall. Recht hatte er sowieso, und prüfen durfte er nach Herzenslust. Den freien Willen derer, die er nach seinem Ebenbilde geschaffen hatte, wollte der Allmächtige nicht ausdrücklich beeinspruchen, aber wehe dem, der sich der väterlichen Autorität entzog und anders dachte, sprach, handelte. In Gedanken, Worten und Werken war man ihm ausgeliefert.

Mit dem Reclam-Faust in der Tasche radelte Gerhard einen der Hügel vor der Stadt hinauf. Sechzehn war er, und der Bauer schenkte ihm gleich beim ersten Mal ohne Bedenken köstlichen Most ein. Die Sonnenbank vor dem Hof bot einen Rundblick über das Häusermeer, und der Mai legte einen grünen, unbeeindruckten Gürtel zwischen das Treiben da unten und den warmen Platz an der Steinmauer, wer hier saß und aufschaute von seiner Lektüre in der beginnenden Abenddämmerung, der stand schon fast über den Dingen.

Die teuflische Lust, sich den Geboten des Alten zu entziehen, sie ließ sich bei Goethe gut mit dem hübsch menschlichen Gesprächsklima zwischen den Kontrahenten vereinbaren. Das war Gerhard, der den Rächergott noch nicht ganz ausschließen wollte, durchaus sympathisch. Er las sich also in einen Rausch, der Most mochte das seine dazu beigetragen haben, und klappte das Bändchen erst zu, als es endgültig zu finster geworden war.

Dem beflissenen Lehrer, der sich am nächsten Tag den Inhalt des sogenannten Meisterwerkes bis einschließlich Osterspaziergang nacherzählen ließ und Plus oder Minus in sein Notenbüchlein eintrug, berichtete der junge Mann brav und schlüssig, wie sehr der biedere Wagner unter den derben Freuden des einfachen Volkes zu leiden hat. Dabei fixierte er den dünnen Kinnbart des Lehrers und stellte mit Genugtuung fest, seine hagere Gestalt war wieder ein wenig kleiner geworden.

Zuerst kommt Vater Thomas. Er arbeitet am vierten und letzten Band der „Joseph"-Saga und steht kurz vor dessen Vollendung. Jakob ist bereits in Ägypten und wird von einem erfolgreichen Sohn willkommen geheißen. Joseph nimmt an Gewicht zu und wird ein wenig selbstzufrieden, ist jedoch noch immer recht anziehend. Der Gesundheitszustand von Vater Jakob ist schlecht. Im Gegensatz dazu ist Vater Thomas bemerkenswert aktiv und unverwüstlich.

Klaus Mann im Jahr seines ersten Selbstmordversuches

Wer nichts zu schaffen haben will mit ihm, der soll ihn gleich wieder vergessen. Seine Persönlichkeit zu karikieren, ihn als skurrilen Wurmfortsatz des Vaters abzutun oder seine bloße Existenz als Gag in der Spaßgesellschaft zu zünden, widerlich ist das, logisch ist das. Der Sohn hat gerade den zweihundertsten Geburtstag, zelebriert wird stattdessen überall selbstverständlich die gleichrunde Wiederkehr von Vaters Ableben. Die Eröffnung der Wiener Festwochen steht ganz im Zeichen des Jahresregenten, auf der Bühne vor dem Rathaus spielt es sich gewaltig ab. Tausende Leute haben sich zu diesem Event, diesem Klassik-Open-Air eingefunden, Radio und Fernsehen sind mit dabei. Seit Ewigkeiten führt in Österreich ein mittlerweile in die Jahre gekommener Mann unangefochten und halblustig durch Oper und Konzert, löst Komponisten und Werke auf in Geschichterln und Anekdoten. Heute macht er das auch. Das Ende der Veranstaltung naht, ein Sänger war brav bisher und erhält vom Moderator daher großzügig die Erlaubnis, sich das letzte Stück selbst auszusuchen. Er schlägt verdächtig spontan das Lied *An den Abendstern* vor. Nein, nein, schüttelt der Conférencier mitleidig den Kopf, nix von Wagner heute, nur Mozart. Ist ja von Mozart, kontert der Sänger. Was ich nicht kenne, kann nicht von Mozart sein, meint darauf die Opern- und Konzertführerlegende sinngemäß und streng. Da zieht der Sänger auch schon listig die Noten hervor, reicht sie dem anderen. Der überfliegt scheinbar verwundert den Wisch und spottet dann: Eine plumpe Fälschung sei das, 1820 könne Mozart gar nichts mehr komponiert haben, tot, wie er war. Das umstrittene Lied ist also vom Sohn, stellt sich heraus, und schon geben die beiden zu, sie hätten die lustige Stegreifszene vorher natürlich ein bissel abgesprochen. Ja, den habe es wirklich gegeben, erklärt nun der charmante Führer lächelnd dem staunenden Publikum, auch er war, Sie werden's kaum glauben, Komponist, *der sich eigentlich den Namen des Vaters annektiert hat.* Nicht einmal der Zusatz Sohn sei selbstverständlicher Teil seiner Unterschrift gewesen. So ein Schlingel. Und schon geht's los mit der Kuriosität.

Den Namen des Vaters annektieren, wie Österreich einst Galizien annektiert hat. Gewaltsam aneignen heißt das auf Deutsch. Also nicht nur einfach hingehen und sich frech umtaufen lassen auf Wolfgang Amadeus, sondern in räuberischer Absicht dem armen, frühverstorbenen Genius das Letzte entreißen, was ihm in Not und Krankheit geblieben ist, den berühmten Namenszug. Sich selbst nach vollbrachter Tat dann dumm stellen, vorlaut und hämisch definieren als gewöhnlichen Menschen mit Vor- und Nachnamen, ohne, noch mit fünfzig etwa, aus Gewissensgründen automatisch als Sohn zu unterfertigen. Die Festbesucher zerstreuen sich in alle Richtungen, Restaurants und die Nacht. *Die Dummheiten in der musikalischen Zeitung haben mich nicht gerührt, denn ich bin nun wohl schon darüber hinaus, mir aus so elendem Geschwätz etwas zu machen.* Wieder ein Dreispalter voller Vergleiche zwischen Vater und Sohn in dem von ihm abonnierten Musikblatt, aus lauter Nichtbetroffenheit schreibt sich der junge Mozart den Frust von der Seele direkt ins Tagebuch.

Franz Xaver Wolfgang war vier Monate alt, als sein Vater starb, und achtzehnjährig, als seine Mutter sich wieder verheiratete. Er schlägt ein heikles Kapitel in der Familiengeschichte auf. Spekulationen jeder Art müssen unterbleiben, die wiederkäuende Musikforschung (natürlich hat es eigentlich auch mit Musik zu tun) sollte schweigend ihren Sensationshunger stillen. Kryptische Zeilen über den jungen Mozart im Begleitheft zu einer Neueinspielung seines frühen Quartetts *auf originalen historischen und authentischen Instrumenten* sind das. Nähere originale historische und authentische Ausführungen unterbleiben dann allerdings bedauerlicherweise. So weiß man schließlich nicht recht, wird hier tatsächlich die Musikforschung kritisiert oder doch mehr die Familie Mozart und ihre unübersichtlichen Verhältnisse, gar ein zwiespältiger Wolfgang junior als Person? Der neugierig gewordene Leser darf seinen Sensationshunger jedoch selbst schweigend nicht stillen. Auch dies ist ein bewährtes Verfahren im Umgang mit unserem Helden, nennen wir ihn doch ein einziges Mal wenigstens so. Präsentiert die Musikwelt keine falschen Fakten über ihn, karikiert sie ihn nicht als unterhaltsames Kuriosum oder als langweiligen Vaterhuldigungsautomaten, wird ihm bis zum heutigen Tag gern die Aura des Geheimnisvollen, des Anrüchigen, der Leichen im Keller angedichtet. Es darf sodann entweder gleich ohne Umschweife lustvoll drauflos spekuliert werden oder es wird einem der seriöse Umweg zum gleichen Ziel vorgeschrieben: Spekulationen würden sich von selbst verbieten. Was aber hat das penetrante Wiederkäuen von letztlich belanglosen Andeutungen wirklich mit der Musik des jungen Mozart zu tun, um die es einem ambitionierten Klangkörper an historischen Instrumenten eigentlich gehen sollte?

Kein Zweifel, die Mutter und im Schlepptau der Stiefvater legen tatsächlich ein auffälliges Bemühen an den Tag, Wolfgang Amadeus eins und zwei möglichst vielfältig aufeinander zu beziehen. Da sie dessen auch nach des jungen Mozart Rückzug aus dem Musikbetrieb nicht müde werden, reicht die Erklärung nicht aus, ihnen ginge es allein um die sinnfällige Dokumentation der Wiederkehr des Genies im Sohn. Wer den Junior für ein Kuckucksei hält und weiß der Kuckuck was mit dieser These bezwecken will, sieht in diesen Aktivitäten eindeutig das so berechnende wie krampfhafte Bemühen Konstanzes, falsche Fährten zu legen. Für Nissens anekdotenträchtige Mozartbiographie läßt sie sich zum Beispiel eine scherzhafte Aussage ihres ersten Mannes einfallen, daß *dies Kind ein Mozart werden würde, weil es einmal weinend in den Ton stimmte, aus dem der Vater eben auf dem Fortepiano spielte.* Dann, besonders skurril, die Geschichte mit den Ohren: *Was außerordentlich merkwürdig zu seyn scheynt, ist der Bau von Mozart's Ohren, ganz verschieden von den gewöhnlichen, und die, im Vorbeygehen gesagt, nur sein jüngster Sohn von ihm geerbt hat.* Als scheinbar anschaulicher Beweis dient in Nissens Werk der Stich eines Aquarells, das ein Ohr des jungen Mozart im Vergleich mit einem gewöhnlichen zeigt. Noch 1998 erscheint ein Mozartbuch, dem das Ohr des Sohnes ein ganzes Kapitel wert ist. Wir erfahren darin von einem mehrfach studierten Naturwissenschaftler, daß vor allem der untere Abschnitt der Antihelix abnormal verläuft, was dem Träger allerdings, zumindest anatomisch betrachtet, kein tieferes Eindringen ins Reich der Töne ermöglicht als gewöhnlich Sterblichen. Immerhin, dergleichen zeuge zweifellos von genetischen Dispositionen, müßte man meinen. Nur: Vom Vater gibt es keine authentischen Bilder, die seine Ohren deutlich zeigen würden. Wieder sind wir auf Konstanzes Erinnerungsvermögen angewiesen, mindestens so sehr jedoch auf ihren Willen, sich korrekt zu erinnern. Amüsiert referiert der Verfasser in seinem Ohrkapitel die Erkenntnisse längst verblichener Ohrforscher, die nach dem Schwalbe'schen Ohrenindex (O = 100 x B/L) das Mozartohr eindeutig als das eines rassisch Niederstehenden dingfest machten. Streng genommen, scherzt er weiter, sei damit natürlich nur etwas über das Sohnesohr gesagt. Der launige Herr Professor würzt seine Einlassungen daher auch mit jenem Witz, der einem dazu unwillkürlich einfällt, wie er von sich auf den Rest der Welt schließt: „Papa, wir haben gelernt, daß der Mensch vom Affen abstammt." „Ja, du vielleicht." Beim jungen Mozart bliebe noch anzufügen von welchem, heißt es zur Abrundung.

Wolfgang kommt der lächerlichen Schmierenkomödie um seine Abstammung bis in alle Ewigkeit nicht aus: Die Gerüchteküche brodelte gleich nach seiner Geburt, Konstanzes Gegensteuern konnte fünfzig Jahre lang, je nach Geschmack, als plumpes Ablenkungsmanöver aufgefaßt werden, andererseits genauso gut als übertriebenes Bemühen einer gekränkten Ehefrau reinen Gewissens, bei jeder sich bietenden Gelegenheit auf die Ähnlichkeit der Gesichtszüge zwischen Vater und Sohn, auf die gleichen Gesten und auf das exzeptionelle musikalische Talent des Sohnes zu verweisen. Spielten also neben kommerziellen Erwägungen auch Legitimierungsversuche eine Rolle, als Konstanze den Kleinen umbenannte und zum Musikerberuf verdonnerte, lange bevor sie wirkliche Anhaltspunkte für seine Eignung haben konnte?

Wien liegt hinter ihm, ein tiefer Einschnitt in jeder Hinsicht. Der Kopf ist so voll und so leer. Mozart ist wieder auf Achse, unstet. Und doch ist ihm dieses Leben mittlerweile seltsam vertraut, es scheint zumindest eine Bahn vorgezeichnet, ein Korsett aus notwendigen Verrichtungen, logischen Abläufen, unverbindlichen Begegnungen. Er wird sich bis auf weiteres an diesem Geländer entlanghanteln. Der Frühsommer am Semmering läßt ihn kurzfristig aufatmen. Es geht in die Steiermark. Auch in Graz wird ihm in der Zeitung schon vor seinem Auftritt öffentlich damit gedroht, der hiesige Musikverein werde die Schuld, die er dem Vater nicht mehr abtragen könne, ohne Umschweife dem Sohne erstatten. Zu diesem Zwecke werde man das Bild des Toten ganz einfach in der Gestalt des Lebenden ehren. Immer dasselbe. Völlig unerwartet schwingt sich ein paar Tage später zumindest der Berichterstatter des Aufmerksamen in einer pathetischen Besprechung des Konzerts zu neuen, lichten Vergleichshöhen auf. So wenig kann sich der Mythos von Daidalos und Ikaros gar nicht eignen, um Vater und Sohn Mozart nicht doch ins schiefe Bild zu zwingen: *In seinem Tonsatze regen sich die Schwin-*

gen einer hoffnungsvoll auflebenden Kraft, die, ohne mit dädalischer Anmaßung gleich in die Sonne der Kunst fliegen zu wollen, kindlich ehrerbietig dem Fluge des großen Vaters nachsteht. Ikaros scheint dem Verfasser also der ideale Prototyp des biedermeierlich rechtschaffenen Sohnes zu sein, versehen mit adrett gestutzten Schwingen, die sich bloß ein bißchen regen, statt als Flugwerkzeuge zu dienen. Mozart steht wenige Tage vor seinem dreißigsten Geburtstag. Als sein Vater so alt war, war es mit der kindlichen Ehrerbietigkeit Großvater Leopold gegenüber längst vorbei. Kaum wäre Wolfgang Amadeus Sohn Musiker geworden, hätte der Vater munter weitergelebt. Keinesfalls wäre aus ihm ein zweiter Wolfgang Amadeus geworden, ihn umzutaufen hätte kein Anlaß bestanden. Irgendwann hätte er sich unter Umständen eine zornige Predigt des Vaters anhören müssen, so, wie Leopold kurz vor seinem Tod gegenüber dem Sohn meinte, er möge, wenn er denn Lust dazu habe, mit dem Kopf an die Mauer laufen, aber ohne ihn. Er hätte, immerhin denkbar, daraufhin die Wand durchstoßen, die Platzwunde ausgeheilt, und frei wäre er gewesen. Vielleicht.

Mozarts wachsende Gewißheit indes, dem schemenhaft ungreifbaren, watteweichen, himmelwärts entschwundenen und doch so hartnäckig autoritären Vater bis zum eigenen Lebensende ausgeliefert zu sein, wird mit den Jahren allmählich um eine neue, tragische Facette bereichert, die des lebenslangen Kindes, das sich, vor Onkeln und Tanten zumindest, untadelig aufzuführen hat. Das Publikum des jungen Mozart besteht aus lauter solchen Onkeln und Tanten, manche bereits erheblich jünger als er. Verwandte kann man sich bekanntlich nicht aussuchen. Auch finanziell wird er von ihnen auf Dauer abhängig bleiben, ob als Komponist, Pianist, Kapellmeister oder als einfacher Musiklehrer. Nur, das Kind wird trotzdem älter, und die Anmaßung, gleich in die Sonne der Kunst fliegen zu wollen, ist der einzige feste Boden unter den Füßen von Mozarts sehr irdischer Existenz. Aber er bröckelt schon.

Die Ehrenmitgliedschaften häufen sich. Begleitet von Trompeten- und Paukenschall wird ihm nach seinem erfolgreichen Konzert feierlich das entsprechende Diplom der Laibacher Filharmonischen Gesellschaft überreicht. Mehr und mehr begleiten Mozartfeste seine Anwesenheit. Noch bietet Wolfgangs Absicht zu konzertieren den unmittelbaren Anlaß für die verschiedenen Zelebritäten, wenige Jahre später schon wird es umgekehrt sein: Der Körper des Sohnes des Vaters wird als willkommener Aufputz dienen, manchmal, wenn's gut geht, auch noch der Pianist in ihm. Vor dem mit einem Lorbeerkranz geschmückten Vaterbildnis wird der Sohn in Laibach aufwendig gefeiert. Immer häufiger vermeinen sich Teilnehmer solch grotesker Szenen zu erinnern, der junge Mozart sei zu Tränen gerührt gewesen. Die entsprechenden Eintragungen im Tagebuch fallen dagegen recht nüchtern aus. Das Wasser mag ihm aus anderen Gründen in den Augen gestanden sein.

Erfreulicheres bieten die nächsten beiden Julitage, vergnügliche Abwechslungen im Reiseeinerlei. Boote stehen bereit, es geht stromaufwärts mit Musik und Böllerkrachen auf der Laibach raus aus Laibach. Noch ein Fest für Mozart. Unter schattigen Bäumen wird gesungen, getanzt, gespielt, gerastet, am Abend werden die Schiffe beleuchtet, man läßt sich gemütlich in die Stadt zurücktreiben, wo zum Abschluß ein großes Feuerwerk stattfindet. Dann die berühmte Adelsberger Grotte. Fünf Stunden lang ist Mozart in dem gigantischen Tropfsteinhöhlensystem zu Fuß unterwegs. Er zeigt sich tief beeindruckt. *Die H waren so artig, dieses ausserordentlich schöne, erhabene Natur Wunder beleuchten zu lassen, und als wir an den Fluß kamen, ertönte ober uns, der Marsch aus der Zauberflöte, von Blasinstrumenten.* Es stand zu erwarten, der Vater ist selbst hier schon da.

Von Venedig ist er anfangs ebenfalls hell begeistert. Nichts Schöneres, nichts Grandioseres sei vorstellbar. Drei Tage später, nach ausführlichen Touren kreuz und quer durch die Lagunenstadt, hat sich das Bild gründlich gewandelt. Die baulichen Zeugen einstiger Größe böten zweifellos sehr viel für die Augen und den Verstand, notiert er, aber der Verfall verfolge ihn auf Schritt und Tritt. Solch ein Klima färbe zweifellos auf die Menschen ab, analysiert Mozart, Apathie, Armut und Bettelei seien die logische Konsequenz. Selbst Paganini habe beim Versuch, hier zu konzertieren, ein Defizit eingefahren. Mehr als es ihm lieb sein kann ist der junge Mozart emotionell von einer optimistischen, dynamischen Umgebung abhängig, er will mitgerissen werden. Die Zeiten, sie stehen eindeutig dagegen. Endzeitstimmung kommt auf bei ihm, in Venedig feiert er den dreißigsten Geburtstag, ohne zu erwähnen ob und wie.

Nächste Station Padua. Wolfgang freut sich nach der Ernüchterung auf Karl Lange, seinen Cousin. Bevor er Konstanze heiratete, hatte der Vater sich in Aloysia Weber, ihre ältere Schwester, unsterblich verliebt, sie aber wollte ihn nicht. Karl ist ihr Sohn. *Aber leider wurde die Freude des Wiedersehns durch seine traurige Lage verbittert. Seine Frau ist seit 7 Monaten an der Auszehrung krank, und wird nächstens sterben.* Am nächsten Morgen schon ist sie tot. Niedergeschlagenheit. Aber auch ein lästiges Kribbeln, permanente Anspannung. Täglich regt Italien Mozart mehr auf. Den hohen Begriff, den er sich von diesem Lande gemacht habe, müsse er nun gegen eine erbärmliche Wirklichkeit austauschen. Einmal träumt er vom lebhaften Grün heimatlicher Gegenden. Solche Gesellschaften könne er auch noch geben, räsoniert er ein anderes Mal mißmutig, als er nach Mitternacht mit knurrendem Magen von einer Einladung zurückkehrt, bei der ausschließlich Wassermelonen kredenzt wurden. Fassungslos notiert er tags darauf, diesmal habe er sich gar mit einem Glas Wasser gestärkt, weil sonst nichts gereicht wurde. Josephine verfolgt ihn derweil mit spitzen Briefen, in denen sein Wiener Aufenthalt genauestens hinterfragt wird. Zwei Monate nach zwölf Jahren Abwesenheit von daheim seien doch wahrlich nicht übertrieben, wehrt Wolfgang sich. Auf welche reizende, interessante Witwe in Wien sie denn anspiele, fragt er unschuldig. Er jedenfalls habe es sich bisher nicht erlaubt, anderen Gefühlen Raum zu geben, obwohl es ihm nicht an Gelegenheit gefehlt hätte. Und sie?

Über Vicenza, Verona, Mantua und Cremona gelangt er in der Sommerglut endlich deprimiert nach Mailand. Mozart macht Station beim Bruder. Zunächst überwiegt die Wiedersehensfreude. Gut zwanzig Jahre haben sie einander nicht getroffen. *Wir haben in Haltung, Gang, Manieren viele Aehnlichkeit, nur bin ich körperlich stärker, und er sanfter, viel sanfter als ich.* Sie tauschen Erinnerungen aus, Karl erzählt ihm von früher. Selbst Jahrzehnte später noch weiß er Details aus frühester Kindheit zu berichten. Die einsame Entscheidung der Mutter, den zweijährigen Bruder zum musikalischen Thronfolger zu ernennen, nennt er zutreffend einen Machtspruch. Damals tat er ihm weh, in der Zwischenzeit ist Karl, was seine Person anlangt, sehr zufrieden damit. Er wirkt abgeklärt und mit sich im Reinen, sanft ist das Wort, das der Bruder dafür findet. Ein krasserer Gegensatz zu Wolfgangs momentaner Verfassung ist kaum denkbar. Die Begegnung wühlt ihn täglich mehr auf. Er fühlt eine Abgeschlagenheit in allen Gliedern und rasende Kopfschmerzen, die nicht mehr aufhören wollen. Tagelang liegt er, unfähig zu allem und jedem, apathisch im Bett. Die Hitze bringt ihn schier zur Verzweiflung. Dann steht er auf und schimpft wieder. So aggressiv kennt man ihn gar nicht. Bemüht er sich in Italien um Konzerte, findet er sich überall ewig hingehalten, werden verbindliche Zusagen unvermittelt zurückgezogen, bis er schließlich entnervt aufgibt. Geht er ins Konzert oder in die Oper, genügen weder die Mailänder Scala noch andere berühmte Musentempel seinen Ansprüchen: *Es ist nur zu bedauern, daß diese Leute, nur Ihre Schmarrn schön singen können, denn wirkliche Composition, ist für sie zu hoch.* Der ehrwürdige Dom erinnert Mozart bloß an einen Zuckeraufsatz beim Diner. Straßenräubereien, klagt er, seien hier an der Tagesordnung, gestern traf's drei Reisende, und heute galoppiert plötzlich ein Wagen führerlos in die Stadt. Als es gelingt, die Pferde anzuhalten, und man hineinblickt, sitzen da zwei Tote. Kurz darauf findet man zu allem Überfluß den erschlagenen Kutscher im Graben. Ihm reicht's. Statt wie beabsichtigt nach Süden in Richtung

Florenz aufzubrechen, beschließt Wolfgang, auf der Stelle über die Alpen in vertrautere, kühlere Gegenden zurückzukehren.

Ein paar Wochen Schweiz also. Mit ungewohnter Perfektion nehmen ihm eidgenössische Musikenthusiasten die Organisation der Konzerte hier ab, immerhin. Groß ist der Beifall, mager bis mittelmäßig der Gewinn, notiert er lustlos. Als kleines, mageres Männchen wird Mozart despektierlich in der Presse beschrieben, und einzig die Neue Zürcher Zeitung erfängt sich kaum vor Superlativen über seinen Auftritt: Mozarts ruhmumstrahlter Name habe in Zürich nie heller geglänzt, hochberühmt sei der Sohn, entzückend der Widerschein der allbekannten väterlichen Züge im männlichen Enkel des fortblühenden edlen Künstlerstammes, der mit Großvater Leopold seinen Anfang genommen habe. Zudem sei wahrer Ahnenstolz in Tönen vernehmbar gewesen im Saal. Wolfgang hat das alles schon x-mal gehört, wundert sich bestenfalls, daß die Züge des Vaters jedermann vertraut sein dürften außer ihm selbst. Er ist oft müde in diesen Wochen, immer noch schlecht gelaunt, grüblerisch. Nur langsam läßt er sich wieder beeindrucken. Neben der abwechslungsreichen Landschaft erstaunt den Marathonreisenden in der Schweiz vor allem ein Riechorgan: *Als wir in die Stube traten, was erblikte ich? einen Menschen? nein, aber eine Nase, aber so eine Nase, wie noch kein Mensch, an einem Menschen gesehn. O Nase, aller Nasen Nase! was ist gegen dich die größte Nase? ein Näschen.*

Nicht nur das irritierende Zusammentreffen mit dem ledigen älteren Bruder läßt in Mozart die Vergangenheit massiv hochkommen. Es folgen schon bald weitere Begegnungen, die ihm über den Umweg der Familiengeschichte seine eigene gegenwärtige Rolle, seine Funktion im Spiel bewußt machen, mehr als es ihm wahrscheinlich guttut. In Augsburg etwa trifft er auf eigenen Wunsch den Cousin seines Vaters, Johann Michael Coelestin, einen Buchbinder, über sechzig ist der mittlerweile, *und es war mir eine eigne Empfindung, einen Mozart zu sehn.* In Salzburg wohnt er dann beim ehemaligen Nannerl, Leopolds anderem Wunderkind. Sein ganzes bisheriges Leben lang hat er diese Frau nie persönlich kennengelernt, die Mutter hat immer noch nicht viel Freude mit ihr, schließlich mißbilligte sie im Verein mit dem Großvater die Heirat des Bruders mit einer Weberischen von Anfang an. Nach Leopolds Tod und der nötigen Regelung der Erbschaftsangelegenheiten ist der Kontakt zwischen den Geschwistern sogar völlig eingeschlafen. Maria Anna steht jetzt knapp vor dem siebzigsten Geburtstag, *und statt daß ich ihr erzählen sollte, mußte sie mir erzählen.* Es ist verständlich, daß Wolfgang sich vor allem für die gemeinsamen Reisen der beiden Sensationskinder vor sechzig Jahren interessiert. Er wundert sich über das ausgezeichnete Gedächtnis der Tante. Jetzt kann, muß sich der Sohn und Neffe einmal ausführlich die andere Seite anhören.

Alles scheint unendlich lange her, und Salzburg ist im Gefolge der Säkularisierung von der selbständigen Residenzstadt über abenteuerliche Zwischenschritte mittlerweile zum oberösterreichischen Provinznest verkommen. Der junge Mozart besucht die kärglichen Reste der Firmianschen Gemäldegalerie im Schloß Leopoldskron, kann sich dort aber immerhin über das Bild eines gewissen Gasparo Antonio Baroni-Cavalcabò amüsieren. In den ersten beiden Jahrzehnten des neuen Jahrhunderts, so hat ein Musikwissenschaftler recherchiert, kommt der Name Wolfgang Amadeus Mozart, anderswo längst Ikone, in den Salzburger Zeitungen nicht ein einziges Mal vor. An ein Konzert ist in dieser auch wirtschaftlich heruntergekommenen, plötzlich viel zu großen Kleinstadt überhaupt nicht zu denken. Zahlreiche Häuser stehen leer, verfallen. Was bleibt, ist die abwechslungsreiche Gegend. Mozart kann sich nicht satt sehen an ihr, besucht Wasserfälle und Marmorsteinbrüche, das Salzbergwerk in Hallein und die steilaufragenden Stadtberge. Was außerdem noch da ist, sind die letzten Überlebenden aus der Generation des Vaters, darunter *ein halb Dutzend alte Frauen, Fräuleins, sämmtlich alte Bekannte, meiner Familie.* Die Tante schleppt ihn resolut von einer zur anderen. In Mozarts Geburtshaus leben noch immer dessen Spielkameraden von einst. Auch sie rührt die Erscheinung des Sohnes und macht sie redselig.

Aus der Konzertreise ist unmerklich eine in die Vergangenheit geworden, die wenigen übriggebliebenen Mitglieder der väterlichen Familie berühren ihn seltsam. Erst jetzt dürfte Wolfgang so richtig auffallen, daß ihm zwar von Kindesbeinen an eingetrichtert wurde, er müsse ein echter Mozart werden, die echten Mozarts jedoch wurden ihm konsequent vorenthalten. Warum wohl? Weil er bei der Mutter so weit von ihnen entfernt aufwuchs? Mag sein. Oder weil die anderen echten Mozarts so gar nichts von dem Einzigartigen des Vaters an sich haben, das er nach Mutters Predigten in sich entdecken, dem er energisch Bahn brechen sollte? Was, wenn auch er nur ein anderer echter Mozart ist?

Eine eigenartige Melancholie liegt über diesen Zusammenkünften, die nimmt Abschiede vorweg. Abschiede von wichtigen Menschen, die er bislang eigentlich gar nicht gekannt hat, selbst den eigenen Bruder hat er halbwegs bewußt nur kurz als Kind in Prag erlebt. Abschiede von wichtigen Menschen, die er, als Konstanze nach Salzburg übersiedelt, bei weiteren Besuchen noch wesentlich besser kennenlernen wird. Aber das tut nichts zur Sache. Sein Gefühl beruht auf eindeutigen Erfahrungen: Er bewegt sich unter Leuten, die nichts mehr vorhaben in der Welt. Es hat tatsächlich den Anschein, die Familie Mozart wolle in Städten wie Mailand, Augsburg und Salzburg, die wie das deprimierende Venedig ihre beste Zeit ebenfalls längst hinter sich haben dürften, widerstandslos und gemächlich ausklingen. Welch ein Kontrast zur legendären Dynamik des Vaters. Welch ein Kontrast selbst zur eigenen Jugend, der vorgesehenen Thronfolge, dem Abrichten, Trainieren und Entbehren, dem dauernden Du-könntest-schon-weiter-sein, tempo tempo. Jede geschriebene Note des Sohnes diente in erster Linie der Legitimation gegenüber dem toten Vater, der Mutter, der Öffentlichkeit, den großen Erwartungen. Wozu das alles? Wer sonst noch Mozart heißt, läuft schließlich auch ganz gut ohne diese irrwitzige Bürde herum. Wolfgang will nicht mehr. Zurück in Wien, läßt er sich im selben Theater, wo er als Dreizehnjähriger Haydn seine musikalische Aufwartung machte, noch einmal in der Pause zwischen zwei Akten als Pianist hören. Auf Fragen, warum er keine neuen Werke spiele, antwortet er, die wolle er sich für sein großes Konzert im kommenden Winter aufheben. Es gibt aber keine neuen Werke. Es wird auch kein großes Konzert im Winter geben. Mozart geht aus der Spur, er gibt das

Rennen auf. Aber es wird sich noch lange nicht bis zu ihm durchsprechen.

Ein ganzes Jahr Wien. Warum denn das? Josephine wartet doch in Lemberg auf seine Rückkehr. Oder ist sie etwa überraschend nach Wien gekommen? Wir wissen, Mozart besucht die Schwester der Mutter, erzählt ihr vom elenden Tod der jungen Schwiegertochter in Padua. Wir wissen, Mozart macht einem befreundeten Musiker den Trauzeugen. Was geht vor in ihm, als da zwei ja sagen zueinander und er mittels Unterschrift bestätigt, es vernommen zu haben? Wäre eine Familie jetzt, wo sich nichts mehr bewegt, ein Rückhalt? Wünscht er sich an den Platz des Bräutigams? Hält er die Augen offen nach einer Frau, einer anderen Frau? Was tut er den ganzen Tag, wenn er nicht Stunden gibt? Ein wegen allzu freier Vorträge gefeuerter Lehrer des Schottengymnasiums lädt regelmäßig zu Abendgesellschaften, bevor er nach Retz ins Weinviertel verbannt wird. Künstler und Intellektuelle kommen zusammen bei ihm, tauschen sich aus. Franz Schubert präsentiert im Jänner 1822 dort seine neuen Lieder. Mag sein, daß Mozart bei einer solchen Gelegenheit diesen Schubert persönlich kennenlernt. Der Anfänger von vor zwei Jahren ist schnell an ihm vorbeigezogen, da gibt es nichts zu deuteln. Langer Applaus, Bravorufe, man leert das Glas und beklagt das allgemeine Denkverbot, den elenden Stillstand. Stillstand ist Rückschritt, meint der junge Dramatiker Bauernfeld mit Emphase. Das stimmt doch, Wolfgang, spürst du es noch nicht?

Was an neuen Kompositionen ab jetzt zu seinen Lebzeiten noch aufgeführt und gedruckt werden wird, hat, von ganz wenigen Ausnahmen abgesehen, mit dem bisherigen Werk nicht wirklich viel zu tun. Nette bis belanglose Kleinigkeiten sind das zumeist, eingebettet in den Geschmack der dumpfen Zeit, die eine oder andere größere Auftragsarbeit, manche Gefälligkeit für eine Schülerin. Nach Mozarts Tod wird sich einiges im Nachlaß finden, was zeitlich kaum noch zuordenbar ist, darunter wunderschöne Kammermusik, etwas davon sicherlich aus den späten Jahren, eine Sinfonie, Lieder, Fragmente. Nimmt Mozart selbst Abstand davon, sich um diese Stücke zu bemühen? Liefe er sonst Gefahr, zurück in die Arena gerufen zu werden, zum aussichtslosen, für die Zuschauer indes höchst attraktiven Wettstreit mit dem Vater? Das wird ihm mit dem, was er jetzt noch an die Öffentlichkeit treten läßt, garantiert nicht passieren. Wird er ihn so loswerden können?

Bis zum heutigen Tag hat kein Köchel Ordnung in das verworrene, ziemlich unbrauchbare Werkverzeichnis des Sohnes gebracht. Da gibt es gedruckte und gestochene Arbeiten in Erstausgaben mit Opus-Zahlen, dann solche, ebenfalls zu Lebzeiten Mozarts schon erschienen, ohne Opus-Zahlen, einige Opus-Zahlen stehen ohne Werk da und viele Werke ohne Opus-Zahlen, von den Fragmenten und kleinen Gelegenheitskompositionen ganz abgesehen. Auch Mozart selbst scheint der sinnfälligen Dokumentation seines eigenen Oeuvre nur wenig Aufmerksamkeit zu widmen. Das mag überraschen, wenn man etwa in Rechnung stellt, wie sorgfältig und vollständig er durch viele Jahrzehnte Zeitschriftenjahrgänge sammelt und archiviert. Es überrascht jedoch keineswegs, wenn man sich die ambivalente Beziehung Mozarts zum eigenen früheren Schaffen vor Augen

führt, nachdem er endlich aufgehört hat, vor sich, vor der Ikone des Vaters, vor der Mutter und vor der Welt etwas von Rang schaffen zu müssen. Zweifellos ist er sich sehr wohl bewußt, daß ihm mitunter Außerordentliches gelungen ist, auf das er uneingeschränkt stolz sein könnte, hieße er nicht Mozart. So allerdings wünscht er sich, daß nichts davon je entstanden wäre. Jedes geglückte Werk stellt sich in der Rückblende als Falle dar, in die er sich gegangen ist, als schmerzhafter Stachel im Fleisch, es deutet das Mögliche an, objektiviert seine Talente, legt Zeugnis dafür ab, daß er sich Gewalt antut, wenn er sich entscheidet, den Rest des Lebens vornehmlich zu schweigen. Hätte er nichts zustande gebracht, schrecklich wäre das gewesen für den jungen Mann, der er war. Jetzt jedoch wäre er dafür längst aller Sorgen ledig, muß er sich sagen. Gut möglich, daß er sich die zukünftigen Rückfälle nicht verzeihen wird. Jedenfalls werden sie, sieht man von ein paar Auftragsarbeiten ab, nicht auch noch sorgsam mit Opuszahlen versehen.

Es sind die letzten zwanzig Lebensjahre, die das spätere Bild vom jungen Mozart prägen werden, oder besser ihre oberflächliche Interpretation. Da ist einmal das vermeintliche Scheitern als Komponist. Aber hat er nicht längst hinlänglich bewiesen, daß er Tadelloses zu schaffen imstande ist? Zählt ein tolles Buch kaum etwas, weil sein Autor nicht auch fünfzehn andere, gleichwertige verfaßt hat? Läßt sich über ein großartiges Klavierkonzert einfach achselzuckend hinweggehen, weil vom Komponisten, sagen wir, sieben bedeutende Opern erwartet werden? Darf man nicht zurücktreten, es genug sein lassen? Dann die angebliche Verbitterung. Wird

Mozart nicht bis zum Lebensende als kommunikativ, dem Neuen aufgeschlossen, als engagierter Lehrer, rühriger Veranstalter und bescheidener, zurückhaltender Mittelpunkt musikalischer Zirkel beschrieben? Seine Verschrobenheit. Die Briefe und dokumentierten Aktivitäten weisen ihn bis kurz vor dem Tod als umtriebig, mit beiden Beinen im Leben stehend, vielseitig interessiert und von denen hoch geachtet aus, die näher mit ihm bekannt sind. Die letzten beiden Jahre allerdings, da nagt die Krankheit schon mächtig, wird er stiller und kann seine Depression nie mehr ganz abschütteln. Na gut, wer wirft den ersten Stein? Daß er sich am Ende abkoppelt von der Kleidermode, ist das ernsthaft ein Indiz für Mozarts Weltfremdheit? Schließlich die vielbeschworene Armut. Von der tragikomischen Armseligkeit zur Schlußfolgerung Armut ist es ein kleiner Schritt, und nur allzu gern vergißt man, daß seine bescheidenen finanziellen Verhältnisse den jungen Mozart in nichts von viel außergewöhnlicheren, viel berühmteren Künstlerkollegen unterscheiden. Im Gegenteil, manche von ihnen hätten sich solch eine vergleichsweise luxuriöse Existenz nie zu erträumen gewagt. Daß die Mutter ihm in diesen Jahren gelegentlich Barbeträge zukommen läßt, ist eher ein Hinweis auf ihr beträchtliches Privatvermögen als auf seine absolute Mittellosigkeit. Richtig ist, daß seine Verlassenschaft kaum Vermögen ausweist, richtig ist, daß er jahrzehntelang unermüdlich Stunden gibt, um sich über Wasser zu halten, eigenes Einkommen zu erwirtschaften. Von der Geliebten ausgehalten zu werden, lehnt er offenbar ab, es ließe sich auch nicht so einfach verbergen. Aber Josephine ist bis zum Tod in seiner Nähe, nicht nur Franz Schubert, der den jungen Mozart in Lemberg herzlich grüßen läßt, erhält Berichte über die gediegene Atmosphäre im Hause Baroni-Cavalcabò, wo sich Fürsten und Grafen tummeln, Generäle und Geistliche. Die regelmäßigen Diners, als heitere und geistreiche Ereignisse werden sie beschrieben, erfahren stets eine musikalische Abrundung, Sänger und Instrumentalisten tanzen dabei geschmackvoll nach Mozarts Pfeife. Armut hat, und das nicht nur im bettelarmen Galizien, andere Gesichter zu dieser Zeit.

Fünfzehn Stunden täglich arbeitete Robert als Andreher in der Baumwollgarngespinstfabrik. Mit seinen zwölf Jahren gehörte er bereits zu den älteren Kindern in der Halle. Bis vor ein paar Monaten war er Spindelaufstecker gewesen, jetzt mußte er ständig damit rechnen, daß irgendwo der Faden riß. Das war auch nahezu ununterbrochen der Fall, Robert rannte hin, drehte die beiden Enden an, bis das Garn wieder hielt, schon schrie ein anderer Arbeiter.

Konzentration, Gelenkigkeit, Ausdauer waren gefragt, die Erwachsenen arbeiteten im Akkord für wenig Geld, Pannen waren ihnen zuwider. Ein paar Ohrfeigen pro Tag und Kind waren einkalkuliert, der Dauerlärm schädigte das Gehör, die stetige Bewegung der Fäden in der schlecht erleuchteten Halle setzte den Augen gehörig zu. Die dauernde Bewegung der Kinder, hieß es dagegen vor kurzem in einem Aufsichtsbericht der zuständigen Beamtenschaft zufrieden, sei deren Gesundheit immens zuträglich.

Robert hatte einen seiner Brüder an Tuberkulose sterben sehen, es bedeutete nicht viel für ihn, der Tod war ohnehin allgegenwärtig und mochte wohl schöner sein als das Leben. Um halb fünf in der Früh ging's los, das Frühstück um sieben, Brot und Wasser, war während der Arbeit einzunehmen. Von der einen Stunde Mittagsruhe verschlief Robert regelmäßig vierzig Minuten, nachdem er Suppe oder Brei gierig oder lustlos verzehrt hatte. Auch für die karge Jause war keine Unterbrechung vorgesehen, und um halb neun am

Abend, wenn alle aus der Fabrik drängten, war es nur wenige Wochen im Jahr noch ein bißchen hell. Mutter und Geschwister kamen zur selben Zeit in die Arbeiterbaracke zurück, zu sagen hatte man sich kaum etwas.

Den Vater hat er nicht bewußt gekannt, er war, so die Mutter, plötzlich nicht mehr da gewesen. Keiner hat je mehr was gehört von ihm. Robert war ein knappes Jahr damals, das jüngste von fünf Geschwistern. Manchmal träumte er von einem großen, kräftigen Mann ohne Gesicht unter dem breitkrempigen Hut. Er bestellte mit nacktem Oberkörper ein amerikanisches Feld, das sah allerdings aus wie der Acker vor der Fabrik. Komm endlich, Bub, knurrte der Mann hinter dem Pflug, während er vergeblich versuchte, die Ochsen anzutreiben. Der verdammte Peitschenfaden ist schon wieder gerissen!

Hundert Meter entfernt von dem Lavoir, über das Robert jetzt gebeugt stand, um sich den Staub ein wenig aus dem Gesicht zu waschen, bevor er sich auf die Strohmatratze fallen ließ, verlief die einigermaßen befestigte Hauptstraße, auf der um diese Zeit noch einige Wagen der nahen Stadt zustrebten. Gerade passierte eine Extrapost mit einem Pianisten, den das Kreuz vom vielen Schütteln schmerzte.

Nach dem Essen hatte ich das Vergnügen, mit Mozarts eigenem Sohn die folgenden drei Toaste zu trinken: die unsterbliche Erinnerung an Mozart, Mozarts Witwe, Joseph Haydn und alle anderen Freunde Mozarts.

Vincent Novello

Nein, er ist sicher nicht vierundzwanzig Stunden am Tag Mozarts Sohn. Wenn es ihm nach dem indirekten Rücktritt von der Komponistenlaufbahn in den zu großen Fußstapfen gelingt, sich vom Vater geistig freizunehmen, hat er wirklich nicht zu klagen über sein biederes, geregeltes Leben, klagt er auch nicht. Falls sie ihn nicht überhaupt links liegen lassen, krallen sich Forschung wie Populärliteratur freilich ab nun fast ausschließlich an seinem biologischen Sohnsein fest, an der simplen Tatsache, daß er das namensgleiche Kind des vielschichtigen Untersuchungsgegenstandes ist. Nicht wenige Facetten, die sich daraus ergeben und mehr eigentlich über die Verfassung der Um- und Nachwelt aussagen als über Wolfgang Amadeus Mozart Sohn, bleiben daher bis heute völlig ausgespart. Solchermaßen verengt, nimmt sich der Blick auf sein Leben ganz so aus, wie es dem Klischee entsprechen muß: Nach hoffnungsvollem Beginn versiegt die Produktion des jungen Mannes zumindest nach außen hin. So etwas nennt man mit Fug und Recht eine gescheiterte Komponistenexistenz, besonders, wenn man den einzigartigen Mozart als Maßstab anlegt. Läßt man den Junior weiters nur dann in Büchern und Aufsätzen kurz auftreten, wenn er dem Vater huldigt, wenn man durch ihn dem Vater huldigt, wenn man ihn zu Rate zieht, wie man denn am besten dem Vater huldige, muß die unglückliche Randfigur ganz einfach devot, verbittert, lächerlich oder als Quell der Rührung wirken, als Grillparzers trauernde Zypresse am Vatergrab eben.

Mozarts unausweichliches Pech ist es, daß diese aufs Sohnsein reduzierte Wahrnehmung schon jetzt, zu seinen Lebzeiten einsetzt. Er ist im Moment so alt, so jung wie der Vater, als er starb. Die große Welt draußen vergißt den Komponisten in ihm schnell und ausdauernd, so weit, so gut. Das lag schließlich in seiner unbewußten Absicht, mutmaßen wir. Der wachsenden Mozartgemeinde indessen hat er künftig in vielen Nebenrollen zu dienen, keine mehr hat mit ihm als eigenständige Persönlichkeit zu tun. Ob er sich das so ausgemalt hat? Wohl kaum. Die bedrückenden Vergleiche immerhin bleiben zunehmend aus, was sollte man unter diesen Umständen auch noch vergleichen wollen? Mutter und Stiefvater haben sich inzwischen ausgerechnet in Salzburg angesiedelt, Nissen ist in Pension gegangen. Seine für heutige Leser zumindest seltsam anmutende, vornehmlich anekdotische Mozartbiographie, von Konstanze nach Nissens Tod kräftig redigiert, wird erst später erscheinen, 1826 stirbt er. Auf Wolfgang lastet nunmehr die Hauptverantwortung für die Mutter, ihr Platz in einem Leben wird wieder gewichtiger, im Schlepptau der schon marmorschwere Vater, ein mittlerweile historisches Phänomen. Der Sohn schreibt ihr lange Briefe, schaut, sobald es ihm nach Nissens Ableben möglich ist, trotz der großen Distanz auf ein paar Wochen in Salzburg vorbei. Die junge Konstanze Mozart in Wien, die mondäne, begüterte Etatsräthin von Nissen in Kopenhagen, die alt gewordene Doppelwitwe in Salzburg, mit vielen Jahren Abstand begegnet die Mutter ihm jeweils in völlig unterschiedlicher Umgebung, anderen persönlichen Umständen. Zuerst war er der Wowi für sie, mit Wolfgang hat sie ihn in Dänemark angesprochen, nun wird er zum Wolf. Er lädt sie nach Lemberg ein, legt ihr nahe, wenigstens nach Wien zu ziehen, wo doch viele Freunde und Verwandte lebten. Auch er selbst habe die fixe Absicht, in einigen Jahren in die Vaterstadt zu übersiedeln. Konstanze lehnt ab.

In Lemberg, der kleinen Welt, versammelt er sangesfreudige junge Frauen und Männer um sich, er gründet einen Cäcilien-Chor. Zahlreiche Aufführungen klassischer Vokalkompositionen für wohltätige Zwecke sind die Folge, Mozart wird zum Mittelpunkt einer begeisterten Dilettantenrunde unterschiedlicher Herkunft, die Spaß an der Musik hat und jeden Montagabend, was nicht minder wiegt, ein wenig unter sich sein kann. Wolfgang spürt schnell, hier wird er um seinetwillen geschätzt, und sei es, weil er in den rigiden Verhältnissen beschränkten Freiraum schafft. Er fühlt sich ausgesprochen wohl in diesem Kreis. Eines Tages, er hat Namenstag, überraschen die jungen Leute ihn zu Probenbeginn in Festkleidung. *Ich war wirklich stumm vor Staunen und Verwirrung, endlich nöthigte man mich zu sitzen, und zugleich traten aus einem Nebenzimmer sechs der jüngsten und schönsten Mädchen des Vereins, gekleidet in die Farbe der Unschuld, und überreichten mir auf einer eigens hierzu gestickten Tasse, auf der lauter musikalische Instrumente dargestellt waren, einen sehr schönen silbernen und innen vergoldeten Becher nebst Untertasse, mit einem Lorbeerkranze umwunden.* Ein vom Chor selbstverfaßtes und von einem mutigen Mitglied vertontes Poem schließt sich an diese Szene im

Geschmack der Zeit: *Für das meistervolle Walten, / Wahren Kunstsinn zu entfalten, / Für das herrliche Beginnen, / Nur das Hohe zu ersinnen, / Für das anerkannte Streben, / Worten Harmonie zu geben, / Bringt dem Stifter und dem Leiter / Tiefen, stets gefühlten Dank. / Auf erhebe Dich, Gesang! / Brust und Herz, sie werden weiter; / Könnten alle es doch hören, / Wie wir hoch den Meister ehren!* Alsdann fließt der Wein, Kekse werden gereicht, einer setzt sich ans Klavier, es wird getanzt und gelacht. Mozart notiert, wie sehr ihm die strahlenden Gesichter Vergnügen bereiteten. Das genügt doch, sagt er sich zufrieden.

Noch einmal komponiert er intensiv. Die Kaiserin in Wien, es ist schon die vierte Frau von Franz dem Ersten, nimmt die Widmung einer Kantate huldvollst an, dadurch ist auch gesichert, daß sie verlegt wird. Der Erzbischof von Lemberg gibt eine weitere Kantate in Auftrag, damit will er die frischangetraute Gemahlin des galizischen Gouverneurs, des Fürsten Lobkowitz, bei ihrem Eintreffen überraschen. Wolfgang liefert das Bestellte trotz Termindrucks rechtzeitig, es macht Effekt, konstatiert er. Neue Kammermusik entsteht, aber er setzt nicht nach. Stattdessen redet er sich neuerdings ein, irgendwann einmal, aus heiterem Himmel wohl oder gar durch den Tod der Mutter, finanziell unabhängig zu werden. Und dann werde er sein Meisterstück liefern, daß ihnen allen, die ihn nicht ernst nehmen, die Augen herausfallen werden. *Mir machte das Ganze viele Freude, denn es lieferte mir neuerdings den Beweis, daß ich Talent zum Componiren habe, und daß ich etwas Ausgezeichnetes zu leisten im Stande seyn werde, wenn ich meine ganze Zeit darauf werde verwenden können. Aber so muß ich mich gegenwärtig mit Lectionen plagen und abstumpfen. Nur zwey Jahre*

Herr meiner Zeit, und mein Vater sollte sich im Grabe über mich freuen!

Konstanze sagt unvermutet, komm doch, zier dich nicht, zeig ihnen deine neueste veröffentlichte Arbeit, diese Kantate für die Kaiserin, du weißt schon, die aus dem Vorjahr, Opus 28, da drüben in der Lade muß sie wo liegen. Wolfgang wiegelt ab, laß das, Mutter, bitte, die Herrschaften sind wegen Vater da. Sie streicht ihm sanft über die Schulter. Mein Sohn ist eben übertrieben bescheiden, das ist sein großer Fehler, wissen Sie, aber glauben Sie mir, seine Kompositionen sind wirklich außerordentlich. Ihm fehlt nur der Biß, ewig schade um sein verschleudertes Talent, sag ich immer. Mutter, bitte. Nein, nein, was wahr ist, muß wahr bleiben, meinen Sie nicht auch, Monsieur Novello? Darf ich nachschenken? So oder so ähnlich muß ein Gespräch im Hause Mozart auf dem Salzburger Nonnberg abgelaufen sein, in französischer Sprache allerdings. Man schreibt Juli 1829. Wolfgang ist wieder einmal auf Besuch. Ein englisches Ehepaar, beide glühende Verehrer Mozarts, leistet sich den Luxus einer Reise auf des Meisters Spuren. Vincent, Organist an der Londoner St. Paul's Cathedral, und Mary Novello sind gebildete Leute. Sie führen getrennte Tagebücher und schreiben akribisch alles auf, was sie auf der Pilgerfahrt erleben. Eine Urenkelin wird die vergessenen Hefte nach dem Zweiten Weltkrieg in Ancona unter alten Familienpapieren finden. Jetzt aber sitzen die vier in Konstanzes Wohnzimmer und trinken Kaffee. Mozart seufzt, steht auf und holt widerwillig die Kantate. Während Vincent die Noten studiert, schreibt Wolfgang ihm die seiner Meinung nach besten erhältlichen Mozartbiographien auf einen Zettel. Daneben wird Novello später ein paar englische Zeilen notieren: *Er ist (ich glaube zu seinem Unglück) Berufsmusiker und leidet unter dem Gedanken, daß alles, was er hervorbringen kann, den Werken seines berühmten Vaters so sehr nachsteht, daß er keine Lust zum Komponieren hat und das Komponierte nicht veröffentlichen will.*

Vaters Geist spukt ihm also wie befürchtet nach wie vor unablässig im Kopf herum. Schnell vergeht die Zeit, und die jungen Damen des Cäcilien-Chors sind reif, verheiratet zu werden, die jungen Herren, zumeist sind es Beamte, werden versetzt, verlieren sich. Nicht nur die Chorvereinigung zerfällt. Rund um Mozart und das Habsburgerreich zerbröseln derweil überkommene Herrschaftsstrukturen, zumindest aber geraten sie gehörig ins Wanken. In Frankreich überspannen die restaurierten Bourbonen endgültig den Bogen, sie werden fortgespült. In Belgien bricht die Revolution aus, der Staatsverband mit Holland wird aufgekündigt. In Sachsen und Kurhessen kommt es zu schweren Unruhen, Ende November ist es in Polen soweit. Der Aufstand führt zum großen Krieg um die verlorene polnische Eigenstaatlichkeit, fast ein Jahr lang und manche Schlacht dauert es, bis die Russen endlich Warschau erobern. Vorbei ist es nun natürlich auch mit der bisherigen Teilautonomie, die Russen greifen brutal durch, wer Pole ist und kann, geht nach Frankreich. Einer von ihnen heißt Frédéric Chopin.

Im österreichischen Galizien gärt es ebenfalls gewaltig in der polnischen Bevölkerung, Konstanze spricht in ihren Briefen zuerst vom garstigen und später vom unglücklichen Lemberg. Unglücklich wird die garstige

Stadt für sie erst, als die Cholera, die weite Teile Europas erfaßt hat, im Armenhaus des Vielvölkerstaats wütet wie sonst nirgends. Mozart selbst, scheint es, bleibt ungerührt und gelassen, er ist zumindest nach außen hin bereit, die Dinge zu nehmen, wie sie kommen. *Wie oft sagte man Leute tod, die man des anderen Tages wohlgemuth in den Straßen gehen sah; und diese unglückseeligen Übertreibungen und Lügen, mögen wohl Schuld an dem Tode so mancher Furchtsamen seyn, denn es ist eine ausgemachte Sache, daß ein durch Furcht, Kummer, oder was immer für Affekte aufgeregtes Gemüth, stets höchst nachtheilig auf den Körper wirkt.* So auffallend nüchtern und modern äußert er sich, obwohl er viele Freunde und näher Bekannte sterben sieht, obwohl er sich selbst auch nicht sonderlich gesund fühlt in diesen Wochen. Kann er sich seine Gelassenheit leisten, weil er nichts mehr sieht, wofür zu existieren sich wirklich lohnte? Wieder feiert er einen runden Geburtstag, jetzt ist er vierzig. Immer öfter schlägt sich alles auf Magen und Darm, Koliken plagen ihn, die Gicht macht sich bemerkbar. Beim nächsten Salzburgbesuch kurt er auf Anraten der Mutter, einer jahrzehntelangen Spezialistin auf diesem Gebiet, drei Wochen in Gastein, eine Zeitlang geht es ihm dann auch sichtbar besser. Mozart läßt Gesprächs- und Briefpartner wissen, zur Verfügung zu stehen, falls in Salzburg ein Kapellmeisterposten zu besetzen sei. Der Warnung, daß der Fürsterzbischof mit seinem Vater einst unmöglich umgesprungen sei, begegnet er diplomatisch: Freilich wäre er von ihm unwürdig behandelt worden, aber das Thema mögen die Freunde in einflußreichen Kreisen der Salzachstadt nur schonend berühren. Wenn auch der Bischofsstab nicht erblich sei, so gebe es doch sowas wie geistige Verwandtschaft unter den Kirchenfürsten. Und deutliche Worte könnten seinen Plänen schaden.

Im Jänner 1833 dann streckt ihn erneut eine schwere Erkrankung nieder, Lungen- und Leberentzündung heißt es. Als der Patient sich nach vielen Wochen langsam zu erholen beginnt, plötzlich ein unerwarteter Rückfall. Nervenfieber, diagnostiziert der Arzt diesmal. Wieder einige Monate später erwacht Mozart, der sich verkühlt hat, eines Morgens mit einer Art gichtischer Lähmung im Gesicht, wie der eilig beigezogene Mediziner meint. Mund und ein Auge sind seitwärts verzogen, er kann kaum sprechen. Der Kranke verbringt eine unruhige Nacht, und in der Früh sind die Symptome wie weggeblasen, Mozart kann sich an den Anfall vom Vortag nicht einmal mehr erinnern. *Dafür aber entwickelten sich die Gichtschmerzen auf eine bedeutende Weise, bald waren sie in einem Fusse, bald in einer Achsel, einmal in einer Hand, es sogar im Klawirspiel hinderte, und so ging es immer fort - frei von Schmerzen war er selten, und vorzüglich im Winter leidend, die Hitze aber brachte dem Patienten stets Besserung.* Auch der chronische Husten kehrt zurück, bis jemand ihm rät, es mit Stockfisch-Lebertran zu versuchen. Das Mittel wirkt vorzüglich.

Josephine ist stets in Mozarts Nähe. In seinen Briefen, soweit sie auf uns gekommen sind, kommt die Qualität ihrer Beziehung natürlich nicht vor. Zwischen Konstanze, die seit langem von ihr weiß, und dem Sohn ist aber durchaus die Rede von der Frau an seiner Seite, jedenfalls schickt sie ihr Grüße, bedankt sie sich für Geschenke bei ihr und bezeichnet sie als meine so liebe Freundin. Auch kann sie der Versuchung nicht widerstehen, Gästen gegenüber beim Kaffee zu tratschen. So notiert Vincent Novello nach einem weiteren Besuch bei Konstanze: *(Privat). Die Freundin des jungen Mozart in Polen ist eine Gräfin, die leider mit einem Mann verheiratet ist, den sie nicht liebt. Er hängt so sehr an ihr, daß seine Mutter fürchtet, er würde Polen ohne sie nie für lange Zeit verlassen, und da er sie wegen ihres Mannes nicht mitnehmen kann, verzweifelt Madame Mozart daran, daß er sich je in Wien oder in einer anderen Hauptstadt niederlassen wird, wo er besser bekannt und geschätzt werden würde.*

Will er also wirklich ernsthaft nach Salzburg übersiedeln oder die siebzigjährige Mutter bloß in der vagen Hoffnung wiegen, im Alter persönlich für sie da zu sein? Würde er der Langzeitfreundin jetzt tatsächlich zumuten, als Kapellmeister ins oberösterreichische Salzburg zu gehen? Zehn Jahre früher waren solche Überlegungen völlig undenkbar, jedenfalls für Wolfgang. Wäre es nun überhaupt noch eine Zumutung? Welchen Platz nimmt er ein in ihrem Leben? Ist etwas geblieben von der Leidenschaft? Eine Einladung, die Mozart zur selben Zeit aus Weimar erreicht, dort Konzertmeister zu werden, schlägt er jedenfalls aus. Dagegen nimmt er kurz darauf eine Theaterkapellmeisterstelle an – in Lemberg natürlich. Seit zehn Jahren verbringt er auch viel Zeit mit Josephines Tochter, er gibt dem außergewöhnlich begabten Mädchen Klavier- und Kompositionsunterricht. Julie widmet ihm zwei Stücke für das Piano. Über die Art des Verhältnisses der beiden zueinander, Mozart ist gut zwanzig Jahre älter als Julie, wird gemunkelt in einschlägig interessierten Kreisen. Wissen tut man nichts. Die drei sind jedenfalls radikal, emanzipiert, unabhängig genug, vor aller Welt gemeinsam auf

Urlaub zu fahren. In der Liste der Kurgäste von Karlsbad 1835 läßt sich noch heute nachprüfen, daß Herr Mozart sowie Frau Baroni-Cavalcabò mit Tochter am selben Tag und fast zeitgleich mit Chopin im Gasthaus Zur goldenen Rose in unmittelbarer Nähe des Sprudels abgestiegen sind und sich in Böhmen Erholung zu verschaffen gedenken. In Karlovy Vary firmiert Mozarts Frau übrigens noch heute als seine Jagdfreundin, obwohl auf einen gichtkranken, kurzsichtigen Komponisten W. A. Mozart im flotten grünen Jagdrock mit dem Büchslein über der Schulter keine noch so spärlichen Hinweise vorliegen. Josephine verläßt schließlich mit ihrem Mann Lemberg etwas früher als ihre Tochter und Mozart, sie lebt jetzt in Wien. Wolfgang wird aber schon bald im selben Haus in der Grünangergasse gleich hinter dem Stephansdom einziehen, zweite Stiege, dritter Stock. Keine zweihundert Meter entfernt ist er vor sechsundvierzig Jahren geboren worden, und auch um die Ecke in der Domgasse haben die Eltern einmal gewohnt.

In der Umgebung von Lemberg vertreibt Mozart in Eigenregie wieder Verlagsprodukte von Breitkopf & Härtel. Wie früher hat die Mutter erhebliches Interesse daran, daß er fleißig ist. Nur geht es längst nicht mehr um seine Arbeiten und seine Karriere, sondern um die vor einiger Zeit erschienene, von ihr höchstpersönlich polierte und edierte Vaterbiographie Georg Nikolaus Nissens, ein unfreiwilliges Abenteuer ist aus dem ehrgeizigen Vorhaben geworden. Konstanze wollte in alter Gewohnheit alles selbst machen und ließ sich von den gerissenen Leipziger Profis gehörig über den Tisch ziehen. Das verlegerische Risiko liegt wie damals üblich ganz bei der doppelten Witwe von Autor und Gegenstand der Biographie, die Bücher sind aber kostbar ausgestattet und verkaufen sich offensichtlich schlecht. Mag sein, daß auch die Auflage am Markt vorbei kalkuliert war. Jedenfalls liegen fast zehn Jahre nach Erscheinen immer noch achthundertvierzig Exemplare in Leipziger Auslieferungslagern herum, dazu dreihundertachtzig Anhänge. Als ihr schließlich alles über den Kopf wächst, muß der brave Sohn das gesamte Biographiegeschäft übernehmen. Wolfgang ist ziemlich verärgert. Diesmal haben sich, nüchtern betrachtet, Mutter, Vater und Stiefvater einträchtig zusammengetan, um ihm ein Riesenproblem aufzubürden. Er versucht zu retten, was unter den leidigen Umständen zu retten ist. Breitkopf & Härtel haben wie zwanzig Jahre zuvor alle Trümpfe in der Hand. Mozart schreibt erneut diplomatische Briefe und schlägt vor, die Herren mögen doch die Freundlichkeit haben, die gesamte Restauflage zu einem günstigen Fixpreis aufzukaufen. Die Anhänge würde er dem Verlag für diesen Fall überhaupt schenken. *Dies wäre der erste und letzte Vortheil, den mein Bruder und ich von diesem kostspieligen Unternehmen unserer guten Mutter hätten.*

Ein Stadtporträt von Lemberg im österreichischen Fernsehen. Achthundertfünfunddreißigtausend Einwohner hat Lwiw 1994, erfahren wir. Da ist der altösterreichische Bahnhof, und Joseph Roth wird ausführlich zitiert. Daß Günter Eich im letzten Krieg notierte, die Lemberger Straßenbahn würde in einer Steppe von Unkraut münden, wird mit Musik des jungen Mozart unterlegt, schwungvoll in diesem Fall, während die Tramway durchs Bild rattert. Überhaupt Lemberg und die Künstler aller Sparten. Zwanzig Minuten später erklärt der Sprecher dann getragen, die polnische Bevölkerung sei 1944 nach Breslau umgesiedelt worden, die jüdische schon vorher deportiert und umgebracht, die Synagoge, wir sehen sie, existiere noch, das bunte Völkergemisch leider nicht mehr. Und wieder hören wir Mozart Sohn, schwermütig diesmal. Sein Name allerdings bleibt den ganzen Film ungenannt, im Text wie im Abspann, irgendwie ist irgendwer bei der Recherche, Stichwort Lemberg, auf ihn gestoßen, vielleicht war ein Satz über ihn vorgesehen, dann aber mag er beim Schnitt unter den Klangteppich gekehrt worden sein. Bleibt zu erwähnen, daß es zwei Sätze aus dem frühen Quartett sind, die Lwiws Kopfsteinpflaster, die Tramway und die Synagoge begleiten, komponiert zu einer Zeit, als das elfjährige Kind Mozart sich unter Lemberg ungefähr so viel vorstellen konnte wie unter Straßenbahn.

Wenn er vom Roßmarkt zum Abschied noch einmal auf den Sandberg spaziert, liegt es winzig unter ihm, das immer noch relativ kleine, enge Lemberg. Rechts die Krakauer Vorstadt, gegenüber der Schinderberg, halblinks die Chaussee zum Grodeker Schranken, ganz im Süden der Exerzierplatz. So weit reicht sein Gesichtskreis, kaum weiter sein Aktionsradius. Heimat? Die Nachrichten aus Wien klingen vielversprechend, Josephine, seine Quartiermacherin, gibt grünes Licht, nur, Euphorie will nicht so recht aufkommen bei Wolfgang. Anfang 1838 ist es endlich so weit. Mozart übersiedelt mit gemischten Gefühlen zurück nach Wien. Neider, meint die Mutter einmal nicht ohne Spitze, brauche er dort im Gegensatz zum Vater mittlerweile wohl kaum fürchten. Wieder gibt er Stunden, wieder setzt er sich für junge Musiker ein, verschafft er ihnen Auftritts- und

Veröffentlichungsmöglichkeiten. Schon bald veranstaltet er bei sich daheim Musikabende mit dichtem, anspruchsvollem Programm und nicht selten mehreren Dutzend Gästen. Seine Schülerinnen und Schüler sorgen dafür, daß er weiter regelmäßig mit jungen Menschen zusammenkommt, daß das aktuelle E-Musikgeschehen sich bei ihm zuhause vielfältig widerspiegelt. Zu hören gibt es aber auch Haydn, Beethoven, Schubert, Spohr und Werke des Vaters. Ohne Attitüden, Blasiert- oder Verzagtheit wird Mozart in der Hauptstadt des Biedermeier dieser Tage fünfzig. Wenn die Mutter ihm durch Boten Briefe überbringen läßt, dann sind sie, damit alle es lesen können, an Herrn Wolfgang von Mozart adressiert. Es sind die letzten Versuche Konstanzes, an ihrem jüngsten Sohn herumzubasteln.

E- und U-Musik haben sich in den dreißig Jahren von Mozarts Abwesenheit zunehmend auseinanderentwickelt. In den Wiener Gaststätten, den Tanzlokalen und Parks dominieren eindeutig Marsch, Galopp, Polka, Quadrille, Walzer. Immer breitere Bevölkerungsschichten wollen sich zumindest am Sonntag ausgiebig vergnügen, ein ausländischer Besucher schätzt, zwei Drittel der Leute, die sich im Prater tummeln, dürften Dienstboten mit ihrem Schatz sein. Aber auch die bessere Gesellschaft gibt sich gern ausgelassen, die leichte Muse als Ausdruck bürgerlichen Lebensgefühls wird salonfähig. Modekomponisten heißen Josef Lanner oder Johann Strauß, dessen gleichnamigem Sohn das Kunststück gelingen wird, ihn noch bei weitem zu übertrumpfen und als bloßen Johann Strauß Vater auf ewig in die zweite Reihe zu verweisen. Allerdings, ganz so monumental wie Mozart ist er nicht, dieser Vater. Auf der

Bühne hat Ferdinand Raimund, der beliebte Leiter des Leopoldstädter Theaters, mit seinen naiv-poetischen musikalischen Zaubermärchen den eskapistischen Biedermeiergeschmack genau getroffen. Vor kurzem erst hat Raimund sich umgebracht, es war nicht sein erster Anlauf. Die jungen Musiker, mit denen Mozart sich am meisten anfreundet, kommen aus einer ganz anderen Tradition. So ist er jetzt viel mit Robert Schumann zusammen, eine Generation jünger und im selben Jahr wie Mozart nach Wien gekommen. Eine Zeitlang, heißt es in einem Brief, sei Mozart sogar sein häufigster Begleiter gewesen. Schumann hat ein sicheres Gespür für die komplexe Existenz des Älteren, gut denkbar, daß Mozart ihm gegenüber Worte für seine unbewältigbare Vaterbeziehung zu finden vermag. Jedenfalls gibt es von Schumann eine Notiz zu Mozart, die in ihrer präzisen Kürze und poetischen Dichte das Wesentliche unvergleichlich auf den Punkt bringt: Einen berühmten Namen mit einem älteren zu teilen, habe sein Schlimmes und sein Gutes, man finde wohl leichteren Eingang, aber auch schwierigeren Ausgang.

Ausgang, in diesem Begriff steckt die Tür, die ins Freie, auf die Straße, zu einem selbst führt, aus den muffigen Räumen, den herrschenden Konventionen, den zugedachten Rollen, und oft ist sie mangelhaft gekennzeichnet oder gar versperrt. In Schumanns Formulierung steckt aber auch die Prophezeiung, daß es nicht leicht gut ausgehen kann bei einem mit den Voraussetzungen Wolfgang Amadeus Mozarts, des Sohnes. Unterstellen wir, daß der junge Kollege weniger die Stunde des Todes im Kopf hatte als das Bild, das hängen bleibt von so einem. Die Welt hat eine Weile ihre begreifliche

Sensation daran, einen berühmten Toten im jungen Sohn auferstanden sehen zu wollen, der in die Jahre gekommene, gar der tote Sohn des großen Toten indessen ist ein doch eher lästiges Angebinde, in groben Konturen abgeheftet fürs Archiv, wenn überhaupt, ein Kuriosum eben, kein eigenständiger Künstler, kein Mensch.

Vergleichen wir die beiden Porträts von 1825 und 1844: Mozart so alt wie der Vater am Ende seines Lebens, ein Lockenkopf mit auffällig hoher Stirn und weit in die Wangen gezogenen Koteletten, dichten Brauen, großen, dunklen Augen, einer markanten, schlanken Nase, einem kleinen, wohlgeformten Mund mit schmalen Lippen. Nachdenklich, bestimmt der Blick, fragend mehr als zuversichtlich, insgesamt eine elegante, ebenmäßige Erscheinung. Mozart fast zwanzig Jahre später am Ende des eigenen Lebens, gleiche Pose, von den Locken ist ein spärlicher Haarkranz geblieben, lange Strähnen, an den Seiten irgendwann am Morgen nach vorn in den Schläfenbereich gekämmt, wirken jetzt vom Wind zerzaust, von Schweiß oder Pomade an den Kopf geklebt. Das Gesicht selbst aber ist kaum gealtert, etwas schmaler noch zeigt es sich. Der Ausdruck gleicht verblüffend der Momentaufnahme von damals, und doch verrät die gewellte Silhouette seines Rocks im Schulterbereich, daß sich vor dem Porträtisten einer aufrechter hält, als es ihm sein Körper nahelegt. Zwei Jahrzehnte zuvor läuft diese Linie noch fließend in den Nacken. Auch hat das Modell die seit einiger Zeit unerläßlichen Augengläser abgenommen, bevor es sich in Positur setzt.

Der junge Mozart ist näher am schwierigen Ausgang, als er wahrscheinlich ahnt. Es sind schon die letzten Jahre. Zum fünfzigsten Todestag des Vaters wird in Salzburg das Institut Dom-Musik-Verein und Mozarteum gegründet, Mozart erhofft sich den Direktorsposten und wird prompt übergangen. Das trifft ihn schwer. Dafür kommen sie mit einem Ehrenkapellmeisterdiplom, das er sich in der Wiener Grünangergasse aufs Klo hängen kann. Und höflich bedanken muß er sich auch noch dafür. Die alte Mutter hat sich für ihn stark gemacht, vergeblich, künstlerische Gründe dürften kaum in erster Linie maßgeblich gewesen sein für die Brüskierung. Mozarts Lebenswandel jedoch ist nicht bieder genug für das erzkatholische Salzburger Parkett. Andererseits wirft man sich dort der glatten Ikone des einst vergraulten Vaters ab sofort, immer penetranter und berechnender mit den Jahren, devot zu Denkmalsfüßen. Dessen mainstreamfeindliche Persönlichkeit bleibt dabei nach Möglichkeit ausgespart, mehr als hundert Jahre später noch steht man ihr ratlos bis feindselig gegenüber und läßt sie listig hinter Weihrauchschwaden im Nebel verschwinden. Bezeichnender offizieller Gipfelpunkt dieser Entwicklung ist weder die berühmte Mozartkugel noch die weniger berühmte Mozartunterwäsche, sondern die immer noch gültige Salzburger Landeshymne, deren hohler Text, einem kriegslüsternen Kleriker entsprungen, von tadellos angezogenen Funktionsträgern bei hohlen Fest- und Gedenkanlässen mit mehr oder zumeist weniger Inbrunst brav vor sich hin gesungen wird. Alle Regeln der Grammatik und Sinnfindung torpedierend, heißt es in diesem Machwerk doch tatsächlich: *Und wenn die Glocken den Reigen beginnen rings von den Türmen vergangener Zeit, schreitet durch einsamer Straßen Sinnen Mozart und seine Unsterblichkeit.* In Salzburg denken also sogar die einsamen Straßen nach, und das davon gottlob nur wenig irritierte Gespenst Mozart sowie seine eigene Unsterblichkeit bewegen sich, aus dichterischer Freiheit oder Unfähigkeit zwar nur im Singular, doch sicherlich zweifaltig Arm in Arm und würdig durch die ergreifende, wenngleich etwas bizarre Szenerie. Seien wir also nicht arrogant, belächeln wir die letzten Erfahrungen nicht, die der junge Mozart Mitte des neunzehnten Jahrhunderts mit der Vaterstadt des Vaters macht, ihr hohles Pathos lebt schließlich frischfröhlich bis in unsere Tage weiter, schreitet einigermaßen deplaziert durch hoffnungslos verstopfte, gedankenverlorene Straßen, ist scheinbar unsterblich wie er selbst, das bessere Wort dafür ist allerdings untot.

Die Grabungsarbeiten für das Fundament des großen Mozartdenkmals auf dem Michaelsplatz beginnen endlich. Dabei stößt man überraschend auf erhaltenswerte römische Mosaikböden. Die umtriebigen Salzburger schaffen es aus diesem einsichtigen Grunde leider nicht, Mozart rechtzeitig zu enthüllen. Statt zum fünfzigsten Todestag wird er erst ein Jahr später aufgestellt. Also wird auch das große Fest verschoben. Zu spät für Konstanze. Den runden Geburtstag des Sohnes, den runden Todestag des Gatten hat sie noch erlebt, jetzt ist sie tot. Ihr Ableben hätte auch den Lebenswillen Wolfgangs gebrochen, heißt es gerne, weil es sich offenbar so gehört und praktisch ist für die stereotype Charakterisierung des jungen Mozart als so braves wie lebensuntüchtiges ewiges Muttersöhnchen.

An allen Ecken hängen nun zum ersten Mal Plakate mit den riesigen Lettern: MOZART. Zeitenwende. *An den Kaufläden sah man Mozartsbüsten, Mozartsnadeln, Mozartspfeifen, Mozartsstatuetten ec in Menge zum Verkauf ausgestellt. In den Gasthäusern fand man sogar Mozartszimmer, Mozartsbrot, Mozartswein.* So viele Fremde auf einmal hat man in der Mozartstadt noch nie gesehen, der Vorverkauf für die Konzerte und Festunterhaltungen läuft ausgezeichnet, bald gibt es keine Karten mehr. Die Veranstalter haben zudem eine entzückende, eine bezaubernde, eine wahrhaft originelle Idee gehabt: In Wien lebt einer, der heißt doch tatsächlich Wolfgang Amadeus Mozart. Den führen wir vor.

Mozart selbst ist kein Mensch der übertriebenen, der pathetischen Gesten. Als er aber den Auftrag erhält, zur großen Salzburger Mozartfeier einen Festchor zu schaffen, trifft er eine auf den ersten Blick merkwürdige Entscheidung. Er komponiert nicht, stattdessen dichtet er. Aus verschiedenen Werken des Vaters entlehnt er Motive und unterlegt diesem Potpourri Worte aus seiner eigenen Feder. Daß er sich weigert zu komponieren, ist dabei die kleinere Überraschung. Schließlich hat sich jahrelang kein Schwein für ihn als Komponisten interessiert, er ist Mozarts Sohn, nicht Mozart Sohn für die Auftraggeber. Sie wollen natürlich auch keine zeitgenössische Musik hören zu diesem Anlaß, Gott bewahre, sondern etwas Mozartisches, in der Art halt irgendwie. Dafür steht Mozart jedoch nicht zur Verfügung. Offiziell verschanzt er sich bescheiden hinter seinen wenig geübten Kräften und geringen Fähigkeiten. Die Idee mit der Motivverknüpfung freilich ist der ideale musikalische Ansatz für sein subversives Vorhaben: Sollen sie ihr historisierendes Tongemälde kriegen, ich bin nicht Schöpfer, sondern bloß Mediator, gibt er zu verstehen.

Aber er schreibt einen Text, und was für einen. Er rächt sich damit für fünfzig Jahre Ausweglosigkeit, für den Mißbrauch durch Mutter und Musikwelt, er rächt sich an Salzburg für den schmierigen Ehrenkapellmeisterwisch, für den beginnenden Mozartkult, für die lächerliche, die schamlose Vereinnahmung des einst abservierten Vaters. Er schreibt eine Travestie all dessen, was an Mozartschwachsinn bisher zu Papier gebracht wurde. Er rächt sich auch am Vater selbst, nicht am wirklichen, den er nie gekannt hat, sondern an diesem abwaschbaren, kolossalen Kunstgebilde aus Bronze, das gerade so schön steif, so kraft- und saftlos auf einen Sockel in der zentralen Salzburger Altstadt gehievt wird. Er wird diesen Wortmüll unbarmherzig aufführen, und die Zuhörer werden die Schneuztücher zücken und furchtbar ergriffen sein. Ob er sich das alles selbst so klar vorsagt, darf mit Recht bezweifelt werden, er wagt es wahrscheinlich nicht einmal zu denken.

Also, los geht's, Mozart weist mit dem Zeigefinger auf das nach der Vorstellung seines Schöpfers Ludwig Schwanthaler imposante, aber anspruchslose Monument und eröffnet herrlich doppeldeutig in dynamischem Allegro: *Hier seht ihn dargestellt den Meister, er ist es, den ihr geliebt und bewundert.* Es folgt ein berührendes Adagio, in dem die Parze zwecks Eindringlichkeit gleich mehrmals Mozarts Lebensfaden so schrecklich bald reißen läßt. Und rings im Gefilde würde darob geklagt, jegliches Herz zerrissen, jedes Auge tränen. Daß es so nicht war und nicht so ist, weiß keiner so gut wie der Sohn. Aber er schwadroniert ja nicht über den tatsächlichen Vater, sondern über den apollinisch stilisierten Fremdenverkehrslegendenmozartverschnitt auf dem Marmorsockel da drüben. Zum abschließenden Wettpreisen zieht Mozart das Tempo noch einmal mächtig an und alle Register. Die Zierde des Vaterlandes sei er, der zeitlebens ein vaterlandsloser Geselle war, *hier schaut ihn dargestellt den Meister, seht ihn in eh'rnem Bilde prangen, er ist es im Bilde dargestellt. Frohlockt ihm!* Betet es an, das goldene, pardon eh'rne Kalb, ihr Pack!

Diese Szene ist keineswegs so gewagt ahistorisch wiedergegeben, wie es vielleicht zunächst den Anschein hat. Gar manche Zeitgenossen schlagen bei der Enthüllung des Denkmals nämlich geschockt die Hände über dem Kopf zusammen, und selbst ein so konservativer Kritiker wie Eduard Hanslick läßt kein gutes Haar daran. *Unähnlich in den Gesichtszügen, unmalerisch in der Stellung, kleinlich im Totaleindruck* sei es ausgefallen. Hundertfünfzig Jahre später, selber Schauplatz: Sehr viele Einkaufswägelchen hängen rund um Mozart, von dem man nichts mehr sieht. Sie glitzern silbrig in der Sonne, nennen sich Installation und haben vor, die Botschaft des Künstlers zu illustrieren. Ein paar kurze Tage soll der Meister hinter den Symbolen der Konsumgesellschaft auch tatsächlich verschwinden, nicht nur im übertragenen Sinn wie sonst jahrein jahraus. Ein Boulevardblatt sieht auf Knopfdruck rot und erregt mit einer Balkenletterschlagzeile nach der anderen schließlich doch noch zahllose tüchtige, fleißige, rechtschaffene Salzburger und -innen, die zunächst andere Sorgen zu haben glaubten. In der heiligen Altstadt darf sowas passieren, heißt es nun verbreitet, dem Allerheiligsten sowas angetan werden. Demontieren, sofort, damit er wieder schnaufen kann, der arme Wolferl, unser dunkler Denkmalkoloß! Ein Schriftsteller macht ausführliche Notizen über das groteske Ereignis und erinnert sich verschwommen, die Begeisterung über den Schwanthalermozart habe sich anfangs bei vielen in übersichtlichen Grenzen gehalten. Er liest nach und findet sich bestätigt. Da ist aber noch etwas, das ihm auffällt in den alten Texten. Teile des musikalischen Rahmenprogramms zur Einweihung wurden angeblich von einem Sohn Mozarts geleitet, Wolfgang Amadeus junior hieß der. Komisch, denkt der Schriftsteller, Mozart hat doch nur zwei Söhne gehabt, Karl Thomas und Franz Xaver. Er nimmt sich vor, später einmal weiterzuforschen.

Der junge Mozart, ein kleiner, schmächtiger, mittlerweile in die Jahre gekommener, fast kahlköpfiger Mann, dirigiert die parodistische Festkantate auf dem bald darauf in Mozartplatz umbenannten Michaelsplatz. Am Abend spielt er dann zum Ausgleich im Carabinierisaal der Residenz das d-Moll-Konzert, KV 466, des Vaters, ergänzt um eigene Kadenzen, die einzige für ihn denkbare seriöse Hommage des lebenden an den toten Komponisten, des Sohnes an den Vater. Ein letztes Mal bespricht die Leipziger Allgemeine musikalische Zeitung einen öffentlichen Konzertauftritt Mozarts, es ist auch sein letzter geblieben. *Mit ausgezeichneter Kunstfertigkeit, Sicherheit und Innigkeit trug jetzt Herr Mozart Sohn seines gefeierten Vaters Klavier-Konzert in D-moll vor, in welchem er zugleich mit feinstem Geschmack und technischer Leichtigkeit einige Cadenzen anbrachte. Wohl fand der treffliche Künstler Anerkennung, der mit Applaus empfangen und entlassen ward, doch nicht in dem Grade, als er es verdiente.* Ein letztes Mal auch der dezente Hinweis, hier werde einer unter seinem Wert verkauft. Die meisten Beobachter indes halten sich mit solchen Details nicht auf, sie sind dankbar für das gelungene Großspektakel und rundum zufrieden. Ausgerechnet der verkrampfte, erdenschwere Statuenmozart ist für die professionellen Wortedrechsler ein hehres Beispiel der fessellosen Geistesfreiheit, durch die sich der staubgeborene Mensch der schaffenden Gottheit nahe. Das erinnert stark an den idealtypisch flügellahmen Biedermeierikaros. Auch der Festchor des jungen Mozart habe seine Wirkung nicht verfehlt, wird beschieden, die körperliche Präsenz des Sohnes *an der Spitze des ausübenden Körpers* sei aber doch der Ultrakick schlechthin gewesen. Wahre Beifallsstürme habe er beim Publikum ausgelöst. Augenzeugen beobachten ferner, daß Mozart während jener Programmpunkte, an denen er nicht selbst aktiv beteiligt ist, während der Festreden, Umzüge, Konzerte und diversen Belustigungen häufig still weint. Sie halten wie in ähnlichen Fällen die Erklärung für absolut zureichend, den dankbaren Sohn habe einfach die Rührung über soviel wahrhafte und inbrünstige Verehrung des Vaters übermannt.

Tatsächlich läßt sich das Ganze ohne böswillige Unterstellung mit Sakralhandlungen in Verbindung bringen. Während des großen Festumzuges werden der Reihe nach alle Gedenkstätten des Religionsstifters abgeklappert. Bei Mozarts Geburtshaus in der Getreidegasse beispielsweise darf jedoch nur kurz angehalten werden, um nicht allzu sehr an das kirchliche Prozessionswesen zu erinnern und den Zorn der immer noch mächtigen, stets unberechenbaren katholischen Platzhirschen zu erregen. Immerhin hat Kaiser Ferdinand soeben in altbewährter Tradition die Tiroler Protestanten aus dem Zillertal verjagt. Das Früchtchen Mozart halten die Kirchenfürsten indes nach fünfzig Jahren disziplinierter Grabesruhe und postmortaler Gehirnwäsche für geläutert genug, sie nehmen daher, stets dankbar für standesgemäße Prunkentfaltungsmöglichkeiten in der provinziellen Ödnis, an den ausladenden Zelebritäten in vorderster Front teil. Das attraktive Anbetungsrahmenprogramm besteht unter anderem aus Jodeln und Schnaderhüpflsingen junger Mädchen in der kardinalerzbischöflichen Villa für ausgewählte Ehrengäste, aus einem Festball für die besseren Kreise, aus Scheibenschießen und Zirkus für alle und aus spannenden Pferderennen, bei denen immerhin alle zuschauen dürfen. Unterhaltung für Dienstboten wie Könige ist garantiert. Denn auch das bayrische Königspaar sowie die österreichische Kaiserin-Mutter sind mit von der Partie. Kaiser Ferdinand freilich hat sich samt Gemahlin entschuldigen lassen.

Zwischenspiel fünf

Er war der Sohn von Cousin und Cousine und hatte elf Geschwister. Sechs davon erlebten ihren ersten Geburtstag nicht, ein paar weitere litten unter geistiger Schwerfälligkeit, heißt es offiziell. Ihn hatte eine Epilepsie fest im Griff, die Hinzuziehung eines Originalnagels vom Kreuz Christi, eines echten Kreuzpartikels sowie einiger wirklicher Blutstropfen des Erlösers im kostbaren Gefäße hatte nichts gefruchtet bei der Geburt. Die Meinungen über seine Fähigkeiten waren von Anfang an geteilt. Böswillige Zeitgenossen nannten ihn despektierlich einen Kretin, die hilflosen Erzieher verordneten ihm die ersten zehn Jahre vor allem Ruhe, trugen ihn, da er auch gehen nicht richtig gelernt hatte, über Stufen und Schwellen und waren zufrieden damit, wenn er vor allem dahindöste, stundenlang aus dem Fenster stierte und möglichst wenig umfiel.

Ähnliche Fälle endeten im Narrenturm oder als Dorftrottel. Da Ferdinand aber unbedingt gebraucht wurde, kümmerten sich die Eltern doch noch um besseres, phantasievolleres Erziehungspersonal. Und siehe da, er lernte. Bald konnte er allein gehen, nach Diktat die ersten Briefe schreiben. Der anfangs völlig verängstigte Kleine mit dem viel zu großen Kopf wurde an den Knall von Flinten und Kanonen gewöhnt, sogar reiten konnte er schließlich einigermaßen manierlich. Armut irritierte ihn, der unermeßlichen Luxus gewohnt war, gewaltig, und man mußte aufpassen, weil er bemitleidenswerten Kreaturen am Wegesrand größere Geldbeträge zu schenken gesonnen war. Auch sprach sich mit der Zeit herum, daß der Thronfolger persönlichen Bitt- und Bettelbriefen nur zu gern entsprach. Er hatte also eine Bewußtseinsstufe erklommen, die ihn aus der völligen Agonie in eine überraschend intensive Wahrnehmung der Welt geführt hatte. Ferdinand liebte besonders die Musik, und noch am Todestag ließ er sich im Rollstuhl an den Flügel schieben, wo ihm ein Klavierprofessor etwas von Haydn vorzuspielen hatte. Im dritten Satz verlor der alte Herr, ein begüterter Privatier, für immer das Bewußtsein.

Dazwischen war er dreizehn Jahre lang Kaiser eines Riesenreichs. Für einen solchen schickte es sich natürlich nicht, die Welt entsprechend seinen beschränkten Fähigkeiten, aus dem Bauch heraus also, zu sehen, wie sie sich wirklich darbot, als unbeschreiblicher Skandal nämlich. Der junge Ferdinand mußte ein Mindestmaß an höherer Bildung erwerben, an Kulturtechniken, die ihn den Zynismus der Herrschenden als Staatsräson begreifen ließen, die Verfaßtheit der Welt als gottgegeben und -gewollt. Er wurde standesgemäß verheiratet, auch wenn abzusehen war, daß er der Hauptaufgabe seinesgleichen, sich möglichst erfolgreich fortzupflanzen, nicht nachkommen können würde.

Metternich mochte er von Anfang an nicht, aber das kümmerte lange Zeit niemand. Erst als 1848 die Revolution auf Österreich übergriff, die Abgeordneten der niederösterreichischen Stände im allgemeinen Tumult direkt zum Kaiser vorgedrungen waren und flehten, die Regierung möge einlenken, entsann sich Ferdinand seiner wirklichen Qualität, der entwaffnenden Naivität des Toren, der gelassen ausspricht, was gemeinhin den Kopf kostet. Jetzt, da alle Ordnung in sich zusammengekracht war und er getrost ein Weilchen vergessen durfte, was sie ihm als Rüstzeug übergestülpt hatten, hörte Ferdinand Metternichs brillanter Suada geduldig zu. Und als der Kanzler eindrucksvoll erläutert hatte, warum er und seine Politik unentbehrlich waren, meinte er abschließend rhetorisch, er könne ja demissionieren, wenn der Kaiser es wünsche. Ja, sagte da Ferdinand.

Nützte ihm aber auch nichts, er blieb Spielball anderer Zyniker, die Zeiten waren zu stürmisch geworden für einen, der gern Gärtner geworden wäre, aber als erstgeborener Sohn des Kaisers in diese beschissene Welt getreten wurde. Ferdinand der Erste kannte sich schließlich hinten und vorn nicht mehr aus und mußte, Sohn sein hin oder her, als Bauernopfer abserviert werden.

Der Begriff des Kunstwerks impliziert den des Gelingens. Mißlungene Kunstwerke sind keine, Approximationswerte der Kunst fremd, das Mittlere ist schon das Schlechte. Kunstwerke sind nicht zu skalieren; ihre Sichselbstgleichheit spottet der Dimension eines Mehr oder Weniger. Fürs Gelingen ist Stimmigkeit ein wesentliches Moment.

Theodor W. Adorno

Mozarts persönlicher Rachefeldzug ist damit keineswegs abgeschlossen. Praktischerweise reicht er bei zwei Potentaten gleichzeitig den Salzburger Festchor ein, schmiert ihnen beiden Grieß ums Maul und meint in den Ansuchen, sie seien jeweils die wahren Beschützer der Künste. Praktischerweise lehnt König Ludwig der Erste von Bayern die angetragene Widmung ab, Kaiser Ferdinand indes, der Gütige nennen sie ihn, gibt sich gewogener. In Wien beginnen die bürokratischen Mühlen zu mahlen. Staatsminister Kolowrat empfiehlt der Majestät, sie möge *aus gnädigster Rücksicht für den Namen dieses Musikkünstlers einen besonderen Gnaden-Akt zu üben geneygt seyn.* Ferdinand sagt grundsätzlich zu, möchte aber eine Expertise und einen Vorschlag, wie teuer der Spaß denn sein soll. In Kolowrats Antwort findet sich selbstverständlich keinerlei Mißbilligung des unsäglichen Textes, der gefällt den Fachleuten, tadellos gelungen, aber die Musik! *Diese von dem Sohne des unsterblichen Meisters verfaßte Kantate ist nach Äußerung von Kennern eine Composition von geringem Gehalte; denn von dem musikalischen Genie des Vaters hat sich bekanntlich auf den Sohn nichts vererbt. Nur der Nimbus des Mannes und der Umstand, daß aus eben dieser Rücksicht die Composition bey der feyerlichen*

Enthüllung des Monumentes zu Salzburg zur Aufführung kam, gab ihr für den Augenblick einige Bedeutung. Voilà.

Die Kenner im Dunstkreis des kaiserlichen Hofes übersehen freilich, daß die Musik eigentlich vom Genie ist und nicht vom minderbemittelten Sohn. Der hat die väterlichen Arbeiten nur ausgesucht und für den Aufführungszweck bearbeitet. Das Adagio im Mittelteil des Festchors etwa, KV 540, für Mozart völlig atypisch in h-Moll gesetzt, ist Wolfgang Hildesheimer in seinem richtungweisenden Mozartbuch eine ausführliche Betrachtung wert. Rätselhaft und hintergründig nennt er es zurecht: *Daß Mozart der Wahl seiner Tonart in diesem Adagio einige Bedeutung zumaß, bezeugt schon der Umstand, daß er, was er sonst nie getan hat, in sein Werkverzeichnis die Tonart eingetragen hat: „H mol". Wie auch immer: mir schien diesem Werk ein emotionaler Gehalt innezuwohnen, die musikalische Transposition eines inneren Vorgangs darzustellen, in Worten schon deshalb nicht erzählbar, weil er in der außermusikalischen Wirklichkeit nicht stattgefunden hat.* Dem unvergleichlichen, anscheinend keinem äußeren Zweck verpflichteten intimen Stück sind noch einige andere davon Berührte in Aufsätzen und Betrachtungen nachgegangen, das Wort geheimnisvoll ist ihnen gemeinsame Wortkrücke.

Ausgerechnet dieses wahrhaft hervorstechende kleine Werk, an dem ihm besonders viel gelegen sein mag, weil es seiner eigenen Persönlichkeitsstruktur näher steht als die allermeisten Kompositionen des Vaters, übermalt der sonst so zurückhaltende Sohn mit dicken Strichen. Der Faden liegt, wie gesagt, früh zerschnitten auf dem Boden des Schicksals herum, die Parze schert sich nicht um das allen so teure Leben des Helden, wie es im übrigen ihre mythologische Pflicht ist, und der Rest der Belegschaft reißt sich rings im weiten Gefilde vor Schmerz und Wehklagen die Brust auf: *Süßer Gesänge Born, er ist versiegt.* Und weil's so lächerlich ist, da capo, meine Damen und Herren! Da müssen wir durch. Genial ist das, mit dem Arsch fährt er auf seine alten Tage dem ganzen Geschmeiß ins Gesicht, nur viel subtiler als der Vater.

Für solcherlei Feinheiten haben sie bei Hof keine Tentakel. Man scheitert hierorts schon im Vorfeld und bewilligt Mozart eine kleine Anerkennung für seine schwindelige Komposition einzig aus gnädigster Rücksicht für den Namen des Vaters. Welch herrliche Ironie am Ende von Wolfgangs Leben: Immer haben sie ihm alle den Vater vorgehalten, jetzt hält er den kaiserlichen Musikgurus den Vater hin, und sie rümpfen die Nase, weil sie die beiden Wolfgange nicht auseinanderhalten können und ihr Expertenurteil schlicht der unterschiedlichen Reputation anpassen. Was soll der Schrott also wert sein? Vierzig Dukaten oder eine goldene Dose, schlägt Kolowrat dem Kaiser vor, weil Mozart sich, *dem Vernehmen nach, in etwas beengten pekuniären Umständen* befindet. Der Vater hat übrigens einmal mit dem Gedanken gespielt, sich vorn und hinten mit jenen goldenen Uhren zu behängen, die ihm allerorten bei Hofkonzerten und dergleichen als Lohn allergnädigst überreicht wurden, sodann in diesem wunderlichen Aufzug vor der nächsten adeligen Bagage aufzutreten und sich nach getaner Arbeit in peinlicher Stille die nächste goldene Uhr in die Hand drücken zu lassen. Sein Sohn ist froh, daß der Kaiser die Dose im Schrank läßt und Cash zahlt.

Erstaunlich im übrigen, daß die Herren Kaiser und Kolowrat neben den ausführlichen Debatten über die adäquate Honorierung von Mozarts Festchor auch noch Zeit finden, ein Weltreich zu regieren. Zeitgenössische Kritiker allerdings bezweifeln letzteres entschieden.

Und das soll Rache sein? Keiner hat was gemerkt, alles geht seinen Gang. Will Mozart sich etwa still und heimlich ins Fäustchen lachen, einen Eulenspiegel des Biedermeier abgeben sozusagen, nur ohne Publikum, das sich mitfreut am anarchischen Sarkasmus? Absurd. Muß der Autor dieses Buches den opportunistischen Kerl und seine unterwürfige Anbiederei mit aller Macht umdeuten, um ihn zu retten vor dem eigenen Wortramsch und der elenden Bedeutungslosigkeit, so kurz vor dem Sprung ins Grab? Als ob es stets auf den Grad der Bewußtheit unseres Handelns ankäme. Drei Monate vor dem großen Salzburger Mozartfest verfaßt Mozart sein Testament. Zwei Wochen vor der Reise nach Salzburg bastelt er erneut daran herum, fügt er einen Zusatz an. Er weiß, spürt zumindest, daß er schwer krank ist. Was auf ihn da zukommt, belastet ihn schwer. Hätte er absagen, sich die Konfrontation ersparen sollen? Dem vor aller Welt inszenierten Kulminationspunkt seiner existentiellen Nöte ausweichen? Als ob sie ihm, einem Ertrinkenden, dem es wider Erwarten gelungen ist, ein paarmal Luft zu holen im tückischen Strudel, den Kopf endgültig unter Wasser drücken wollten, jetzt, wo ihn ohnehin von selbst die Kräfte verließen. Ihn vor aller Augen an den Pranger stellen, angaffen. Dem Richter vorführen. Sein Verbrechen? Sohn sein, Versager, armes Würstel. Urteil: lebenslang. Ist der Rummel um die Denkmalsenthüllung nicht bloß vorgeschoben, um in Wirklichkeit vor großer Kulisse die Verhandlung gegen ihn, den lebenden Wolfgang Amadeus Mozart führen zu können? Ihn auf die Anklagebank zu locken? Oder heißt der Delinquent etwa gar nicht so, wir haben seriöse Hinweise, daß er den Namen des großen Mozart nur benutzt. Sehr verdächtig auf jeden Fall. Wozu braucht einer wie Sie einen Decknamen? Na, raus mit der Sprache, aber plötzlich! Fuchteln Sie nicht herum da vor dem Orchester wie ein Dirigent, Sie Hochstapler, Sie. Schauen Sie sich doch an, Sie kümmerliche Figur, der Schweiß steht Ihnen auf Stirn und Glatze, Sie zittern ja. Die sogenannten Zeugen der Verteidigung übrigens, wir haben das recherchiert, sind alle längst tot, was soll das? Und die Mitleidsmasche zieht bei uns schon gar nicht, mit Heulen richten Sie gar nichts aus, das sage ich Ihnen. Machen wir dem traurigen Spiel mit Ihrem Einverständnis also ein schnelles Ende, gestehen Sie einfach! Wie er sich plötzlich aufsetzt im Bett, kurz wimmert, das schweißgetränkte Nachthemd über den Kopf zieht und sich dann nackt unter der Decke verkriecht, wie es ihn fröstelt und er nicht mehr einschlafen kann bis zum Morgen, ist er so vorstellbar, der junge Mozart, sagen wir zehn Tage vor den Zelebritäten in Salzburg? Paßt das besser?

Franz Grillparzer hat, verspätet eingeladen, für die Denkmalsenthüllung in Salzburg doch noch einen Prolog verfaßt, ein k. k. Hofschauspieler will ihn unmittelbar vor Mozarts abendlichem Auftritt im Carabinierisaal zum gefälligen Vortrag bringen. Das langatmige Gedicht ist leider nicht rechtzeitig eingetroffen. Es läßt sich aber nachlesen, wie weit der Dichter ausholt, um den Anteil Salzburgs an Mozarts Genie gebührend hervorzustreichen: *Von diesen Bergen zog der Gottesathem, / Gewürzt mit Kräuter- und mit Blumenduft / In seine jugendlich gehobene Brust. / Darum ist er geworden auch wie sie, / Wie diese Berge, seiner Wiege Hüter.* Wie kann man Mozarts schräge Amateurhymne an den Vater als beabsichtigte Travestie deuten, wenn ein Profi wie Grillparzer solche Zeilen ernst meint? Aber meint er sie ernst? Denkende Menschen sind unter Metternich entweder Stützen und Profiteure des Systems, unbeugsam, dafür jedoch wahrscheinlich im Gefängnis, oder innere Emigranten. Schriftsteller finden sich in diesem Ambiente gerne hinter Pseudonymen verschanzt wie Anastasius Grün recte Graf Auersperg, geistig verwirrt wie Nikolaus Lenau oder gespalten wie Franz Grillparzer. Gespalten, läßt sich dieses Wort wirklich so ohne weiteres durch opportunistisch ersetzen? Grillparzer schreibt in diesen Jahren auch folgenden Text, nicht für großes Publikum zwar, verständlicherweise, er nennt ihn schlicht Alpenszene: *Hoch auf den höchsten Höhen / Gedeiht am besten das Rindvieh, / Da wohnen die seligen Trotteln / Dem Himmel etwa am nächsten; / Doch freilich am fernsten der Erde! // Sie falten die Hände voll Andacht, / Bekreuzen hohltönende Stirnen, / Was unten geschieht in den Tälern / Stört nicht ihre selige Ruhe. / So leben sie friedliche Tage, / Erzeugen maulaffende Kinder, / Der Vater erneut sich im Sohne / Und ruhig auf Trottel den Ersten / Wie Butter, folgt Trottel der Zweite.* Darf man bei diesen Schlußzeilen gedanklich auch in die Niederungen der Wiener Hofburg hinuntersteigen? Wahrscheinlich darf man. Bemerkenswerter aber ist Grillparzers beißender, verzweifelter Spott, seine präzise Beschreibung der bestehenden Verhältnisse, die zufolge der geschilderten Reproduktionsautomatik unveränderbar erscheinen müssen. Zur Analyse hingegen reicht es noch nicht bei ihm, man kann nicht alles verlangen, auch wenn ein schaler Geschmack zurückbleibt: Immerhin werden diejenigen verbal geprügelt, denen am allerwenigsten ein Vorwurf zu machen ist für ihre weitgehend isolierte, gänzlich den Abläufen der Natur und den Zwängen des Brachialkatholizismus untergeordnete Existenz, Gottes kräuter- und blumenduftgewürzten Atem im Nacken.

Mozart und Grillparzer sind, soweit dies Menschen ihres Zuschnitts überhaupt möglich ist, befreundet, das ist leicht zu verstehen. Im selben Jahr geboren, teilen sie die bedrückenden Erfahrungen einer geschichtlichen Epoche, deren Maßstäbe Unauffälligkeit und Mediokrität sind. Über dem Bestreben, es allen recht zu machen und sich äußerlich nicht zu sehr von den anderen zu unterscheiden, notiert Grillparzer im Tagebuch, sei er schließlich wie die anderen geworden, denn Gewohnheit mache gewöhnlich. Törichte Eitelkeit und falsche Scham zwängen ihm bei jeder Berührung mit Menschen eine gewisse Lustigkeit auf, die ihn nicht froh mache, aber das einzige Mittel für ihn sei zu kommunizieren. Scherz treiben oder schweigen, so stelle sich die Alternative dar. Seine Menschenscheu, seinen Mißmut zur Schau stellen wolle er nicht. Den Mut hingegen, seine Individualität durchzusetzen, habe er nicht. Grillparzer bezeichnet sich selbst als Opfer seiner Verhältnisse, die Poesie, die Kunst würden ihm unter diesen Umständen gänzlich verleidet. Ein unerträgliches, lauwarmes Hinschleppen sei sein Leben, meint er, und warum sollte er nicht gegen Mitternacht: Stimmt's? sagen und Mozart ihm stumm zunicken. Prost, Wolfgang. Prost, Franz.

Trinkt Mozart? Sicherlich trinkt er. Unmäßig? Wir wissen es nicht. Mehr als zehn Jahre früher wird ihm attestiert, er lebe sehr gemäßigt, trinke selten Wein, bevorzuge einfaches Essen und das gewöhnliche Hausbrot. Aber das sind Beobachtungen während eines Aufenthalts bei der Mutter in Salzburg. Eine Berühmtheit seiner Zeit jedenfalls, Johann Nepomuk Vogl, Vielschreiber, fleißiger Almanachherausgeber und biedermeierlicher Hansdampf, offenbar eins mit sich und der Welt, entschließt sich 1843 zu einem Projekt des schönen Titels *Blätter und Trauben, Lieder für heitere Kreise von Johann N. Vogl, mit Melodien von den vorzüglichsten Komponisten Oesterreichs*. Auf Seite 88 gibt sich W. A. Mozart die Ehre, *Begießet* heißt Vogls Erguß. Kann gut sein, daß Mozarts Noten zu folgenden Zeilen die letzten publizierten Takte seines Lebens sind: *Die Blume welkt im Sonnenschein / Die Blume muß begossen seyn, / D'rum gießet, / Und doppelt lieblich anzuseh'n, / Wird sie in neuer Pracht ersteh'n, / O gießet, / O gießet! // Nicht anders geht's dem Zecher auch, / Was scheint das für ein dürrer Strauch, / D'rum gießet, / Bald blüht er wieder frisch und groß, / Der Blume gleich, die man begoß; / O gießet, / O gießet! // Doch preist den Mann, der lustbeseelt, / Jedweden, der vom Durst gequält, / Begießet; / Er sey der König hier im Bund, / Und oft noch ruf' sein froher Mund: / Begießet, / Begießet!*

Nein, vielleicht kann er wirklich nicht mehr. Vielleicht hat er den Überblick verloren, vielleicht meint er das alles ernst. Klagend hat eine Solostimme von der welken Blume Mitteilung zu machen, stellt er sich vor, dann sollen alle feurig einsetzen, um die feuchte Therapie zu verkünden. Vielleicht scheint ihm Wirtshausgegröle im spießbürgerlichen Ambiente tatsächlich der adäquate musikalische Ausdruck einer, seiner dumpfen Zeit zu sein, hätte er unrecht damit? Österreich steht schließlich noch einiges bevor an trunken schleimiger Gründerzeitwalzerseligkeit und bühnenwirksam beschwingten Zuprostereien lachhafter Operettentenöre, die deutschen Lande insgesamt dürfen sich darüber hinaus langsam an bierig untertänige, schmuck uniforme Burschenherrlichkeit und verwandte Gemütsstimmungen gewöhnen bis, sagen wir bis zur Feier von Mozarts hundertstem Todestag, ausgerechnet im Eroika-Saal des Wiener Palais Lobkowitz, man schreibt Juli 1944. Vielleicht fühlt der Kranke sich auch nur geschmeichelt, weil eines Tages unerwartet der Herr Vogl bei ihm anklopft und freundlich meint: Herr Mozart, ich hätte da einen Auftrag für Sie, ja, Sie hören recht, einen klitzekleinen Kompositionsauftrag. Meine berauschenden Verse möchten Lieder werden, und da habe ich auch an Sie gedacht, Sie leben doch noch?

Es geht aber unwiderruflich ans Sterben. In Karlsbad sucht Mozart wieder einmal Erholung, Linderung der Plagen. Das Magenleiden hat sich weiter verschlimmert, die Leber will auch nicht mehr so recht. Letzten Winter hat ihn die Gicht dermaßen gequält, daß ihm oft genug übel geworden ist vor Schmerzen. Wegen der Hämorrhoiden kann er auch kaum mehr richtig auf seinem Hintern sitzen, dauerndes Kreuzweh ist die Folge. Sein achtzehnjähriger Lieblingsschüler Ernst Pauer aus der Familie des Klavierfabrikanten Streicher macht die beschwerliche Reise mit. Man darf sich Mozart in diesem letzten Sommer nicht als bettlägerigen Sterbenden vorstellen. Er hat sich ein Klavier aufs Zimmer im Haus Stadt Wien schaffen lassen. Von der Marienbadgasse aus besucht er in seiner eigentümlichen Gewandung immer noch Gesellschaften und Konzerte, auch eines, das Ernst Pauer, später hochgeachteter Hofkapellmeister in London, vor zahlreichem Publikum gibt. Im Böhmischen Saal gleich gegenüber seiner Wohnung begleitet Mozart sogar selbst aus Gefälligkeit ein letztes Mal ein dreizehnjähriges Solistentalent aus Prag. Das Leben wird wieder leichter für ihn am Schluß, trotz aller Beschwerden, auch als ewiger Sohn hat man begründete Aussicht auf einen selbständigen und unvergleichlichen Tod. Das entspannt Mozart beträchtlich. Obwohl sein Äußeres gewöhnungsbedürftig ist – kommt doch zur altmodischen, immer gleichen grünen Kleidung sein leidender Gesamtzustand, etwa die vollkommen gelbe Gesichtsfarbe –, wird er in seinen letzten Wochen noch einmal als leutselig und allseits beliebt charakterisiert. Auf der flachen Promenade hinaus zum Posthof kann man ihn sogar noch langsam spazieren, auf einer Bank im Schatten sitzen sehen. In Böhmen fällt sein ausgeprägter Wiener Dialekt auf, dem die Jahrzehnte in Lemberg offenbar nichts anhaben konnten, urgemütlich sei sein Idiom. Große Freude habe er besonders an kleinen Kindern, heißt es. Die sehen wohl weder den Mozart in ihm noch den todkranken Patienten. Mozart und Tod bedeuten nichts für sie.

Der behandelnde Arzt verfaßt eine ausführliche Krankengeschichte Wolfgang Amadeus Mozarts. Dieser klage über einen beständigen Druck im Magen und sei vollkommen appetitlos. *Das Geringste verursacht ihm einen Zustand des Aufblähens, der unerträglich ist, die Schmerzen sind fortwährend so wie der Husten.* Auch vom *Hömoirydial Uebel* ist da die Rede und von *artherischen Affektionen be-*

deutend in den Waden und ganzen Füssen. Da hülfen auch *dreißig kleine Plutzer Wiesenquelle Wasser* als Therapie nichts mehr, die Obstruktionen immerhin hätten sie gelindert. Zuweilen mache die Schwäche Mozart völlig apathisch. Dann fühle er sich jedoch ein, zwei Tage überraschend besser. Besonders die Nächte aber seien schlecht.

Zuhause hat sich Josephine um ihren Lebenspartner gekümmert, daß sie auch jetzt, in seinem trostlosen Elend, da ist für ihn, ehrt sie. Ob sie auch nach Böhmen kommt? Karl Mozart hofft es inständig. Neun Tage vor Mozarts Tod schreibt der Bruder an Streicher: *Ueberdies bestünde der höchste Trost welcher meinem armen Bruder zu Theil werden kann eigentlich d a r i n n die Pflege, hauptsächlich aber den moralischen Umstand seiner unvergleichlichen, mit allen Vorzügen des Geistes und des Herzens hoch begabten Freundinn genießen zu können. – Werden aber Familien Verhältniße derselben nicht hinderlich seyn den Eingebungen Ihres Herzens zu folgen?* Tags darauf sitzt Frau Baroni-Cavalcabò voller Panik über einem Brief an den behandelnden Arzt in Karlsbad. Sie habe soeben über Ernst Pauer erfahren, wie es um Mozart stünde. *Sie können sich vorstellen in welcher peinlichen Lage ich bin, da er so sehr gewöhnt, an unsere Pflege, und unsere Theilnahme, fern von uns, vielleicht sein Grab finden soll!* Josephine bietet irgendeinem jungen Arzt in der Kurstadt hundert Gulden, wenn er sich denn bereitfände, Mozart in langsamen Tagesreisen heimzubegleiten. Ihre Verhältnisse erlaubten es nämlich nicht, ihn selbst abzuholen. Dieser Arzt müsse allerdings so tun, als ob er ohnehin nach Wien reisen und sich bei dieser Gelegenheit als Reisekompagnon zur Verfügung stellen wolle, um beim Patienten keinen Verdacht zu erregen. *Ich bin so konfus, dass ich selbst nicht weiss was ich schreibe.*

Für eine Heimkehr jedoch ist es längst zu spät. Die letzten Tage kommt Mozart auch nicht mehr aus dem Krankenbett. Fünfzehn Klistiere für insgesamt sieben Gulden dreißig muß er rund um seinen dreiundfünfzigsten Geburtstag noch geduldig über sich ergehen lassen, dann ist er erlöst. Magenverhärtung lautet die offizielle Diagnose nach der Obduktion, wahrscheinlich stirbt er an Krebs. Ob er wirklich auf dem Fußboden endet, um dem jungen Freund und Begleiter die befürchteten Kosten für das Bett zu sparen? Durchaus möglich, daß die praktische Veranlagung der weiblichen Nachkommenschaft Pauers seinen ursprünglichen Erzählungen diese skurrile Dimension hinzufügte. Genützt hat die radikale Maßnahme jedenfalls nichts, in der Verlassenschaftsabhandlung werden detailliert die Roßhaarmatratze, ein Unterbett, drei Pölster, ein Leintuch, eine Baumwollbettdecke und eine Verpackungskiste für das gesamte Bettzeug als Teil der Hotelrechnung ausgewiesen und vom bescheidenen Vermögen des Verstorbenen abgezogen. Josephine hat inzwischen übrigens die Verhältnisse Verhältnisse sein lassen und ist ihrem Brief Richtung Karlsbad nachgeeilt. Ob sie Mozart noch lebend antrifft, ist nicht mehr zu klären. Wünschen wir es ihm. Pauer und sie kümmern sich umsichtig um alle Formalitäten, Mozart wird in Karlsbad ordentlich begraben. Die Kurkapelle, viele Gäste und Einheimische, besonders die Schulmeister aus der Umgebung, so erfahren wir, sie alle geben ihm das vorläufig letzte Geleit. Am Abend gibt es zum Abschluß des Vaters Requiem zu hören. Bruder Karl, der von Mailand nicht anreisen kann, überschlägt sich in seinen Sympathiekundgebungen für Josephine: *Gott stärke unsere arme Freundin, Frau v. Baroni! Ich war ohnehin schon für diese U n v e r g l e i c h l i c h e von der ehrerbietigsten Anhänglichkeit durchdrungen – jetzt – ist sie für mich heilig.* Daß Mozart sie zur Universalerbin eingesetzt hat, scheint Karl, der selbst keine materiellen Sorgen hat, nur gerecht und folgerichtig.

Franz Frisch ist Totengräber in Karlsbad. Zwei Sommernächte wacht er pflichtbewußt bei der Leiche Mozarts, er hilft beim Sezieren und schaufelt ihm sodann auf dem Andreasfriedhof hoch über der Stadt ein Grab. Diese seine Leistungen stellt Herr Frisch später penibel in Rechnung, plus dreißig Kreuzer für das Öl in der Lampe. *Grabe, Spaden, grabe, / Alles, was ich habe, / Dank ich Spaden dir!* heißt es im *Totengräberlied* des noch jungen jungen Mozart nach einem Text des elegischen, frühverstorbenen Ludwig Hölty, von dem einst schon der Vater ein Gedicht vertonte. Aus dem Totentanz des Mittelalters und des Barock hat sich bei Hölty zwar das Sensenmanngerippe verabschiedet, der Totengräber an seiner Statt argumentiert aber in der gleichen Tradition: *Reich' und arme Leute / Werden meine Beute, / Reich' und arme Leute / Kommen einst zu mir. // Weiland groß und edel, / Nickte dieser Schädel / Keinem Gruße Dank. / Dieses Beingerippe / Ohne Wang' und Lippe, / Dieses Beingerippe / hatte Gold und Rang.* Von solch gleichmacherischen, nüchternen Ansichten ihres Objektes der Begierde wollen sie nichts wissen, die ehrgeizigen Forscher, als sie so vorsichtig wie vergeblich das böhmische Erdreich unter Mozarts Grabmal durchkämmen, um den verstaubten Salzburger Vielleichtmozartschädel aus dem Archiv mit

Hilfe von Sohnesknochen und DNA-Analysen zum polierten Originalmozartschädel zu befördern, zu einer geschmacklosen Devotionalie allerersten Ranges. Unschwer auszumalen, wie sie ihn auf vielfachen Wunsch ausstellen, hinter Panzerglas gebettet auf purpurrotem, goldgerändertem Samt, voyeuristisch begafft von nie abreißenden Touristenströmen wie einst der arme, ausgestopfte Angelo Soliman von den Wienern, die Neger schauen gingen. *Jener Kopf mit Haaren / War vor wenig Jahren / Schön wie Engel sind. / Tausend junge Fentchen* – ein ausgestorbenes Wort für junge Männer ist das und die Verkleinerungsform blanke Ironie – / *Leckten ihm das Händchen, / Tausend junge Fentchen / Gafften sich halb blind.*

Zwar besitzt auch der Sohn selbst solch väterliche Reliquien, wie man Mozarts Haarlocken in der einschlägigen Literatur ehrfurchtsvoll nennt. Sein Umgang mit ihnen ist indessen charakteristisch für sein äußerst ambivalentes Verhältnis zum Vater. Er schmeißt sie nicht weg, er zimmert ihnen aber auch keinen Heiligenschrein und bewahrt sie nicht gerade sorgfältig auf. Er macht sie nicht zu Geld, aber er billigt ihnen einen wohl mehr als ideellen Wert zu, wenn er Teile davon guten Freunden zum Geschenk macht. Er distanziert sich somit als Person vom schon früh grassierenden, gewinnverheißenden Mozartkult, anerkennt jedoch, daß andere offenbar ihr Glück kaum fassen können, ein Stück vom Meister ihr eigen nennen zu dürfen. Ein langes Büschel Hinterhaupthaar wechselt so beispielsweise verstaubt den Besitzer, die Frau des Freundes reinigt die Kostbarkeit vorsichtig, flicht sie zu einem M und heftet sie auf ein Blatt Papier. Hinter Glas gerahmt schleppt Aloys Fuchs Mozarts Haare zurück zum Sohn, wo die Rückseite des Gebildes versiegelt wird und Wolfgang die Authentizität schriftlich bestätigt. Trotz aller Freigiebigkeit findet sich im Nachlaß des jungen Mozart offenbar noch genug Material aus Vaters Haarpracht, um samt Echtheitszertifikaten zwischen Bruder, Josephine und einem von ihr damit beschenkten wahren Kenner und Verehrer des unsterblichen Meisters aufgeteilt zu werden. In der Folge werden die Trophäen von Zeit zu Zeit noch auf Auktionen gesichtet, bis sich ihre Spur verliert. Ein paar solcher Haare immerhin finden ihren Weg in eine Vitrine von Mozarts Geburtshaus. Da liegen sie bis zum heutigen Tag.

In Karlsbad, Salzburg, Wien und Lemberg werden schon bald Gedenkveranstaltungen abgehalten. Man erinnert sich seiner, eines bereits zu Lebzeiten praktisch Vergessenen, für einen kurzen Moment. In der unmittelbar nach Mozarts Tod veröffentlichten Skizze eines Freundes heißt es: *Als Mensch im höchsten Grade achtungswürdig, war Wolfgang Mozart gut, edel, zartfühlend und empfänglich für alles, was gut und schön war. Er tat unendlich viel Gutes im Stillen und unterrichtete nicht selten talentvolle Kinder unbemittelter Eltern ganz unentgeltlich.* Daß er vieles nicht an die große Glocke hängt, ist ein lebenslanges Charakteristikum seiner zurückhaltenden Persönlichkeit. Daß er sich, aus dem Blickwinkel Konstanzes zum Beispiel, allzu sehr mit den kleinen Dingen, mit Nichtigkeiten und Innerlichkeiten beschäftigt, statt breite Außenwirkung erzielen zu wollen, trägt ihm von Zeitgenossen und erst recht in den Augen der Nachwelt manche Rügen und Demütigungen, aber auch Spott und Verachtung ein. Daß einiges in seinem Leben widersprüchlich verläuft, seine Entscheidungen oft genug die scheinbar fixen Pläne konterkarieren, unverständlich, unlogisch erscheinen, gegen die eigenen Interessen gerichtet, hat seine wesentlichen Ursachen wohl in der für einen einzelnen Menschen kaum bewältigbaren Komplexität und Fremdbestimmung seiner Existenz als des großen Mozart Sohn. Daß er trotzdem und vielleicht sogar deshalb besonders empfänglich ist für das, was rund um ihn passiert, sich ablenken, informieren will, lernen, vermitteln, daß er, mit einem Wort, ein kommunikativer Mensch von großer Ernsthaftigkeit ist, unterscheidet ihn diametral vom Vater. Daß aufgrund solcher Dispositionen wiederum sein schöpferischer Drang und seine Produktivität weit hinter dem väterlichen Maßstab zurückbleiben müssen, kann nicht weiter verwundern. Von dieser Tatsache nun auf die Qualität seines Werkes Rückschlüsse zu ziehen, liegt für viele Musikhistoriker zwar nahe, läßt sich aber in keiner Weise rechtfertigen. Daß man sich mit dem jungen Mozart als Künstler und Mensch nie wirklich auseinandersetzt, ist zu respektieren, daß man sich aber hundertfünfzig Jahre hindurch als schamlos genug erweist, auf seine Kosten bedenkenlos diverse Vaterbiographien und -romane zu garnieren, das ist die unfaßbare Fortschreibung eines Mißbrauchs, der mit Konstanzes folgenschwerer Entscheidung seinen Anfang nimmt, das Kleinkind umtaufen zu lassen.

Lange nach dem Zweiten Weltkrieg taucht, wenn eigentlich vom jungen Wolfgang Amadeus die Rede sein müßte, Franz Xaver wieder vermehrt auf. Schließlich setzt sich der Eindruck fest, einen solchen Menschen habe es irgendwann einmal tatsächlich länger als zwei Jahre gegeben. Der Name Wolfgang Amadeus Mozart Sohn hingegen stirbt allmählich aus. Was nüchtern gesehen als technische Übereinkunft gedeutet werden kann, Verwechslungen mit dem Vater endlich Herr zu werden, entpuppt sich bei genauerer Betrachtung als für die betroffene Person ruinöse Verfälschung ihrer eigenen Biographie. Sie hat sich nämlich, lebenslang im Besitz eines Passes für Wolfgang A. Mozart und sodann Gegenstand eines Verlassenschaftsaktes unter demselben Namen, post mortem mit neuen Vorwürfen, mit hämischen Unterstellungen Böswilliger und Halbinformierter herumzuschlagen, freilich ohne Gegendarstellungen begehren zu können: Die einen werfen dem jungen Mozart unverblümt vor, den Namen des Vaters annektiert zu haben, die anderen bemerken süffisant, Franz Xaver habe gelegentlich, aus kindischer Eitelkeit wohl, mit Wolfgang Amadeus Sohn unterschrieben. Schlimmer noch: Zuweilen habe er nicht einmal das Wort Sohn hinzugesetzt. Eine groteske Umkehrung von Ursache und Wirkung ist das: Sein Namenszug ist eben nicht das traurige Resultat eines Persönlichkeitsproblems, sondern allenfalls dessen trauriger Ausgangspunkt.

Als Mörike seine berühmte Mozartnovelle verfaßt, ist der junge Mozart gerade zehn Jahre tot, sein Bruder in Mailand lebt noch. Zweifellos sind dem in Stuttgart lehrenden Dichter die beiden als Erwachsene irgendwie präsent. Mozart auf der Reise nach Prag erweist sich im Kern auch als geglücktes Unternehmen. Mörikes Prosa ist ein Kompositionsprinzip unterlegt, das den musikalischen Schaffensprozeß, die Entwicklung von Themen, ihre überraschende Verknüpfung und Variation vor unterschiedlichem Hintergrund literarisch überzeugend widerspiegelt. So weit, so gut. Der Autor unterzieht sich in seinem Text aber auch der beträchtlichen Mühe, dem zeitgenössischen Leser Unterschiede zwischen Kutschen der Mozartzeit und moderneren Gefährten ausführlich zu erläutern: Der Kasten war damals noch nicht so massiv ausgebaucht, erfahren wir beispielsweise, auch war der spiegelglatte Lack der gegenwärtigen Wiener Werkstätten noch gänzlich unbekannt. Was die Kinder seiner Hauptfigur anlangt, verweigert Mörike sich jedoch der historischen Präzisierung völlig. Sie werden nur gebraucht, um den Mozart von 1787 klagen zu lassen, er finde allenfalls die Zeit, mit seinen Buben zwei Minuten durchs Zimmer zu jagen, ein volles Stündchen würde er ihrer nie froh. Was für Karl zutreffen mag, ist auf Wolfgang bezogen natürlich falsch. Um möglichen Einwänden, kleinliche Wortklauberei zu betreiben, von vornherein zu begegnen: Es ist durchaus keine Zumutung gegenüber Dichter und Leserschaft, sich angesichts eines ohnehin fiktiven Textes einen Moment bei dieser scheinbaren Spitzfindigkeit aufzuhalten. Auch geht es nicht im mindesten darum, Eduard Mörike einen Vorhalt zu machen. Lächerlich wäre das. Unser Gegenstand jedoch ist Wolfgang Amadeus junior oder besser, wie er zurecht kommt damit und wie verfahren wird mit so einem ein Leben lang und darüber hinaus. Folglich erfahren wir aus der Erzählung immerhin, daß selbst einem mit Mozart vertrauten seriösen Schriftsteller die biographischen Daten des kürzlich verstorbenen Sohnes entweder unbekannt oder zu nebensächlich für die mindeste Recherche sein müssen. Wir dürfen schließen, daß schon der unmittelbaren Nachwelt ein Mozartsohn ohne gemeinsame Geschichte mit dem Vater zumeist keinen Gedanken, schon gar keine tiefere Überlegung wert ist. Und mit läppischen Details wie seinem ganzen Leben will sich ohnehin niemand befassen.

Ein Gutteil dessen, was über den Vater im Verlauf von mehr als zweihundert Jahren geschrieben wurde, ist unerträglicher Schrott. Wolfgang Hildesheimers großer Essay gehört wie Mörikes Novelle mit Sicherheit nicht dazu. Über weite Strecken ist es der redliche und nachvollziehbare, sorgfältig recherchierte Versuch, über Mozart kohärente Aussagen zu machen, ohne den disparaten Gegenstand seiner verwirrenden Persönlichkeitsmerkmale zu berauben, ihn unzulässig zu vereinfachen, zu glätten. Vehement wendet der Autor sich gegen Verdrehungen, Beschönigungen, Romantizismen und was dergleichen noch alles gegen einschlägige Publikationen ins Treffen geführt werden kann. Gemessen an diesem Anspruch und dem Respekt vor dem Vater geht Hildesheimer mit den Söhnen geradezu infam um. Karl etwa unterstellt er ernsthaft, sich allein von drei Aufführungen des Figaro, gemeint sind die Tantiemen für die Pariser Inszenierung, ein Landgut nördlich von Mailand gekauft zu haben und, davon reich geworden, als ehrbarer und wohltätiger Pensionär gestorben zu sein. *Was hätte sein Vater dazu gesagt?* Nun, tatsächlich hat Karl sich von seinem Ersparten und mit Krediten im Dorf Caversaccio in der Provinz Como ein kleines Haus mit Gärtchen – so beschreibt er den Besitz im Testament – gekauft, aber eben Jahre, bevor er als Vierundsiebzigjähriger die ominösen Figarotantiemen als erste und einzige seines Lebens erhielt und bereits ein paar Monate darauf verstarb. Für den Erwerb der Liegenschaft hätte dieses Geld zudem nie gereicht. Über den jüngeren Bruder vermittelt Hildesheimer der Leserschaft zum Beispiel brühwarm die alten Gerüchte, es habe da einen Franz Xaver Wolfgang Mozart gegeben, der allein schon durch die Vornamen als Süßmayrs Sohn dringend verdächtig erscheinen muß. Die ersten beiden Namen habe man später unterschlagen, läßt Hildesheimer Urheber, Umstände und Zeitpunkt dieses doch alles andere als alltäglichen Vorgangs im Dunkeln und legt so einen Zusammenhang mit der Vertuschung von Süßmayrs Vaterschaft nahe. Warum aber die Beteiligten dann so dumm gewesen sein sollen, das Baby ursprünglich überhaupt Franz Xaver zu nennen, das erfahren wir leider nicht. Dafür gönnt der Autor den Lesern *das kleine Stückchen Klatsch,* Mozarts Sohn habe ein Verhältnis mit einer adeligen Dame gehabt, einer gewisssen Josephine von Baroni-Cavalcabò. Das war's dann auch; während er Klatschgeschichten um den Vater meist seriös nachzugehen bemüht ist, verhandelt Hildesheimer die Lebenspartnerin des Sohnes im Stil der Regenbogenpresse. Doch es kommt noch ärger: Um eine billige Pointe zu setzen, fällt er dem jungen Mozart schließlich höhnend in den Rücken, indem er auf die vielen Briefe Konstanzes nach Lemberg anspielt und ihre damit verbundenen Absichten ins genaue Gegenteil verkehrt: Franz Xaver Wolfgang, *den sie ermahnt hatte, ihr und seinem verstorbenen Vater nicht die Schande anzutun, ein mittelmäßiger Musiker zu werden, wurde ein mittelmäßiger Musiker.* Was soll man dazu sagen.

In Karlovy Vary gibt es also seit mehr als hundertfünfzig Jahren ein Mozartgrab. Für den Gedenkstein läßt sich Freund Grillparzer, an Ort und Stelle immer noch nachlesbar, folgende Inschrift einfallen: *Wolfgang Amadeus Mozart - Tonkünstler und Tonsetzer, geb. den 26. Juli 1791, gest. den 29. Juli 1844. Sohn des großen Mozart, dem Vater ähnlich an Gestalt und edlem Gemüthe, der Name des Vaters sei seine Grabschrift, so wie seine Verehrung des Ersteren der Inhalt seines Lebens war.* Ursprünglich will Grillparzer allerdings einen ganz anderen Akzent setzen, der erste Textentwurf lautet nämlich: *Des großen Mozart Sohn. Die Welt hat ihn vernachlässigt wie seinen Vater, obwohl sie ihm nur Vorzüge und keine Größe zu verzeihen hatte.* Eine kluge, zugespitzt formulierte Überlegung, aufgegeben zugunsten des faden, rührseligen Klischees von der hündischen Anhänglichkeit Mozarts an den wahrscheinlichen Erzeuger. Ist es nicht durchsetzbar, einen Satz in Stein meißeln zu lassen, der die wechselseitigen Abhängigkeiten kritisch zum Thema macht, ohne die die Gestalt des jungen Mozart nicht zureichend vermittelbar ist? Ist es nicht durchsetzbar, die für Außenstehende bequeme lineare Vater-Sohn-Beziehung durch einen präzisen, pointierten Gedankengang in einer irritablen Dreieckskonstellation aufzulösen, deren dritten, aktiv beteiligten Eckpunkt die Öffentlichkeit abgibt? Ist es nicht durchsetzbar, einen Satz nachwirken zu lassen, der die vertane Gelegenheit andeutet, über den nunmehr Toten hätte sich indirekt ein entspannterer Zugang zum durch Talent und Lebenspraxis fremd gebliebenen Vater gewinnen lassen, zum Vater, der nicht von dieser Welt zu stammen scheint, dem seine Größe niemals verziehen werden kann, weil er die anderen schlecht aussehen und in seinem Werk etwas herüberwehen läßt von der Kategorie des Möglichen in das alltägliche, von Zwängen diktierte Strampeln? Nicht, indem es tatsächlich realisierbar gewesen wäre, dem Sohn gegenüber irgendwelche Schulden am Vater abzutragen, wie man es sich allerorten zurecht gelegt hatte, eine anheimelnde Fiktion war das. Sondern durch das Aufatmen, im jungen Mozart zwar einen geistreichen, talentvollen Künstler zu erblicken, aber doch jemanden wie dich und mich. Es ist die Chance vergeben worden, meint Grillparzer wohl, Wolfgang Amadeus Mozart Sohn schlicht willkommen zu heißen, sich an seiner Kunst, seiner gewinnenden Persönlichkeit um ihretwillen zu freuen, ihn nicht zeitlebens rücksichtslos zu instrumentalisieren. Konsequent weitergesponnen bedeutet dieser Gedankengang aber auch, erst im Sohn konnte die Welt an der Außerordentlichkeit des Vaters Rache nehmen, Wolfgang junior war greifbar und entzog sich weder durch das völlige Aufgehen in der Kunstproduktion noch durch einen frühen Tod der peinlichen Vorführung, der ignoranten Kritik, dem Totschweigen zu Lebzeiten. Schon gar nicht war er sakrosankt.

Nein, ein Satz, der dem andächtigen Grabbesucher solch aufwühlende Überlegungen nahelegt, gehört einfach nicht hierher. Grillparzer sieht das ein, er ist nicht mutig, braucht keinen Zensor, ein Kind seiner Zeit eben, trägt er die Schere längst im Kopf. Was aber, wenn die ignorante Welt, von der inoffiziell in des Dichters Schubladenentwurf die Rede ist, wenn diese Welt sich nicht geändert hätte seither? Wenn der Umgang mit dem Sohn auch heute noch weitgehend von den beschriebenen Motivationszusammenhängen bestimmt wäre, wenn das sogenannte Rätsel Mozart, jenes fatale griechische Drama einer Heldengestalt, der die Konsequenzen ihres Handelns und Unterlassens ebenso wenig bewußt sind wie die Einzigartigkeit ihrer Kunst, die sich solcherart der Welt gewaltig auf den Magen schlägt, wenn diese irritierende Vorstellung vom Genie immer noch eines Satyrspielventils bedürfte, einiger launiger Zeilen am Rande über die lächerliche Figur des Heldensohnes?

Fünfzig Jahre nach seinem Tod ist das Grabmal des jungen Mozart verwittert. Zudem trägt man sich schon länger mit dem Gedanken, den Friedhof bei der Andräkirche überhaupt aufzulassen. Der Karlsbader Musikverein renoviert trotzdem die Grabstätte, sie bleibt sogar erhalten, als das Gelände schließlich doch in eine öffentliche Grünanlage umgewandelt wird, den Mozartpark. Nach dem Zweiten Weltkrieg ist es dann vorbei mit der Idylle. Die sozialistische Verwaltung hält es für angebracht, Gebeine und Grab an ein schönes Plätzchen im Kommunalfriedhof zu transferieren. Die postsozialistische Verwaltung nimmt wie viele andere auch diese Entscheidung zurück. Folglich kehrt das Mozartgrab als bloßes Denkmal, fremdenverkehrstauglich ins Zentrum des Parks verschoben, an den Ursprungsort zurück, denn Mozarts Reste sind, wir sagten es, nicht mehr mit von der Partie.

Josephine übergibt den musikalischen Nachlaß Wolfgangs noch in seinem Todesjahr dem Mozarteum in Salzburg. Dieses überschlägt sich in posthumen Dankesbezeugungen für den *unserm Mozarteum mit wahrer Liebe und Treue ergebenen Freund,* gehen doch neben unzähligen kopierten, gestochenen und gedruckten Partituren von Werken aller möglichen Komponisten sowie vielen Büchern und kompletten Zeitschriftenjahrgängen inklusive Register auch kostbare Autographe in den Besitz des Institutes über. Darunter finden sich achtzig Briefe von Leopold Mozart, hundertsechzig von Wolfgang Amadeus Mozart Vater neben sechzig seiner Kompositionsentwürfe und Werkfragmente. Auch sein altes Clavicord sowie einige Ölgemälde und Zeichnungen, Bildnisse von Mitgliedern der Familie Mozart, wandern nach Salzburg und sind dort noch heute in Mozarts Geburtshaus zu besichtigen. Die Wiener allgemeine Musikzeitung berichtet ausführlich von dem so wertvollen Geschenk, das den Kunstsinn des jüngst verstorbenen Mozartsohnes eindrucksvoll beweise und *welches dem seinen Namen führenden Institute gewiß die größte Bereicherung und schönste Zierde verschafft hat, die ihm je zuteil werden kann.*

Führt etwa eine Theodor-Körner-Straße, die nach dem im Zusammenhang mit dem österreichischen Bürgerkrieg 1934 verhafteten sozialdemokratischen General und zweiten österreichischen Nachkriegsbundespräsidenten benannt ist, tatsächlich gleichzeitig den Namen des hurrapatriotischen Besingers der Befreiungskriege, der ebenfalls Theodor Körner heißt und dessen nach standesgemäßem Schlachtfeldtod erschienene Gedichtsammlung *Leyer und Schwert* übrigens Mozarts Vetter Carl Maria von Weber vertont hat? Ändert sich etwas an der Beantwortung dieser Frage, wenn man weiß, daß die beiden Körner sogar verwandt sind? Trägt das Mozarteum in Salzburg also wirklich auch den Namen des jungen Mozart? Sollen wir die letzte Strophe des langen Gedichtes *Am Grabe Mozarts, des Sohnes* schlicht als Tröstung nehmen, wie sie zweifellos intendiert ist? Oder sollen wir befremdet darüber den Kopf schütteln, daß Franz Grillparzer offenbar völlig das Gespür für den Zynismus fehlt, der ohne Zweifel mitschwingt, wenn er dem toten Freund so aufmunternd wie gereimt nachraunt: *Wenn dort die Menge sich versammelt, / Ehrfürchtig Schweigen a l l e bannt. / Wer dann den Namen M o z a r t stammelt, / Hat ja den deinen auch genannt*? Nein, machen wir uns nichts vor, so simpel geht es nun einmal nicht zu in der wirklichen Wirklichkeit, man darf schließlich auch keinen leicht greifbaren Namensvetter einsperren, wenn man des richtigen Attentäters Franz Wolf bislang nicht habhaft geworden ist. Das Mozarteum ist nach einem anderen Mozart benannt, und wenn man im allgemeinen von Mozart spricht, nennt niemand den Namen des Sohnes. Bleiben die Mozartstraße, das Mozartgrab und der es umgebende Mozartpark im böhmischen Karlsbad. Sie heißen tatsächlich wegen Wolfgang Amadeus Mozart so, wegen Mozart, dem Sohn.

Aber schon fünfzig Meter daneben lockt die Hotelpension Amadeus Gäste mit dem Konterfei des Vaters. Unten auf der Alten Wiese steht das Haus Mozart, in dem zwar Goethe, nie aber jener berühmte Wolfgang Amadeus gewohnt hat, der unübersehbar auf die Seitenmauer gepinselt ist. Das Café Wien hat seine Auslage adrett mit dem Mozartkugelmozart zugepflastert. Es scheint den mondänen Kurort zu schmerzen, daß zwar fast alles, was Rang und Namen hat, sich über die Jahrhunderte hin in Karlovy Vary eingefunden hat, nur der große Mozart nicht. Dafür wenigstens der kleine. Und so kommt es, daß sich auf einem Kolossalgemälde in Bad eins, für das sich die berühmtesten Kurgäste aus hundertfünfzehn Jahren scheinbar gemeinsam in Positur geworfen haben, hinter den Kaisern Franz Joseph, Wilhelm und Friedrich, gemeinsam mit Papst Leo dem Zwölften und dem Maharadscha von Johore, mit Zarin Maria Feodorowna von Rußland und Kaiserin Elisabeth von Österreich, in der illustren Umgebung von Goethe, Schiller, Herder und Theodor Körner, von Metternich, Blücher und Bismarck, von Beethoven, Brahms, Wagner und Dvořák, eine Dreiergruppe zusammengefunden hat, die, von links nach rechts, aus Paganini, Mozart

Sohn und Chopin besteht. Und so kommt es, daß in Karlovy Vary, der kleinen Mozartstadt, jährlich im Sommer musikalische Mozart-Tage abgehalten werden, eröffnet durch eine Feierstunde mit Kranzniederlegung hoch über der Stadt am Grabmal des Sohnes, das gottlob alle Wirren überstanden hat und, nüchtern betrachtet, erst jetzt etwas einspielt. Aufgeführt werden dann zur Sicherheit aber doch die Werke des Vaters.

In jenem Gebäude, das in Wiens erstem Bezirk an Stelle von Mozarts Sterbehaus steht, dem Geburtshaus des Sohnes, hat sich die Mozart World Vienna etabliert. Hier gibt es neben dem üblichen Mozartramsch auch jede Menge CDs seiner Werke, viele Bücher über ihn, das Nannerl, Konstanze. Eine kleine Gedenkstelle rekapituliert, was Mozart an Ort und Stelle alles geschaffen hat. Der Junior ist im Gegensatz zu Zauberflöte und Requiem nicht dabei. Drüben in der Domgasse hängt immerhin ein Stich der beiden Kinder in Mozarts Museumswohnung, auch kann man die gefälligen Kleinen als Bierdeckel erwerben. Daß Wolfgang Amadeus Mozart Sohn nur zwei Häuser daneben gelebt, gearbeitet, einen bedeutenden musikalischen Salon geführt hat, ist dem freundlichen Museumspersonal hingegen völlig neu. Wie sein Geburtshaus ist auch dieses Gebäude schon im neunzehnten Jahrhundert verschwunden. An der Adresse Grünangergasse zwei kommt man gut ohne den geringsten Hinweis auf diesen Mozart aus, während seines Freundes Grillparzer hundert Meter weiter ausführlich gedacht wird.

Wir nennen ihn intern den kleinen Mozart, bekennt man schmunzelnd auch bei der Internationalen Stiftung Mozarteum in Salzburg. Aus Geldmangel könne man leider nicht viel für sein im übrigen durchaus ernstzunehmendes Werk tun. Wenn nun Leute auftauchen, die sich für Noteneditionen des kleinen Mozart interessieren, müsse man sie nicht selten an japanische Verleger verweisen, dort, wie gesagt, ist der Sohn einigermaßen bekannt, bekannter jedenfalls als bei uns. Gelegentlich aber veranstalte man in Salzburg Konzerte, in denen es neben Vater und Großvater auch ihn zu hören gebe, ganz vergessen sei er also nicht. Im Programm habe er zwar gelesen, die Werke des Sohnes seien nicht so anspruchsvoll, meint ein freundlicher Herr nach einem solchen Konzert, aber er sei ein musikalischer Banause, ihm habe Franz Xaver, ehrlich gesagt, am besten gefallen. Zwei Damen unterhalten sich an der Garderobe halb im Ernst darüber, ob wir Chopin eigentlich gebraucht hätten, der junge Mozart klinge, würden seine Klavierstücke nicht auf dem alten Hammerklavier gespielt, so wunderbar romantisch wie später Chopin, zum Verwechseln ähnlich sogar. Das könne sie nur bestätigen, erzählt eine andere Konzertbesucherin beim Weggehen, sie wohne direkt unter der Künstlerin, die heute hier aufgetreten sei. Überzeugt sei sie gewesen, daß die da oben Chopin probe, dabei war es Mozart. So schlecht, wie man allgemein glaube, sei der polnische Mozart auf alle Fälle nicht gewesen, resümiert schließlich der letzte Gesprächspartner. Man müsse beim Zuhören halt einfach vergessen, daß das Stück von einem Mozart ist.

Tun wir also, als ob wir ihn tatsächlich vergessen könnten, den Mann, dem sie gleich kurz nach der Geburt die wenig beneidenswerte Aufgabe gestellt haben, den Kreis zu quadrieren. Dem sie eine Zeitlang halbwegs interessiert zugeschaut haben, wie er die Sache denn anpacken würde, bis ihnen schließlich langweilig wurde. Der sich, wenn wir uns schon das Recht herausnehmen, ein Urteil zu fällen, mit mehr Anstand und Unverwechselbarkeit aus der Affäre gezogen hat als die Voraussetzungen es erwarten ließen, als die meisten Nachbetrachter es ihm zugestehen wollten. Der durchaus nicht nur sich als Person in die Waagschale zu werfen hat, sondern auch ein eigenständiges, ein respektables Werk. Tun wir so, als ob sich auch alles andere rundherum vergessen ließe, hören wir uns die Klavierkonzerte, die Violinsonaten, die Cellosonate, das Quartett, das Flötenrondo, die Polonaisen, einige Lieder des jungen Mozart an, als ob sie soeben vom Himmel gefallen wären. Können wir uns darauf einigen, daß das gute Musik, vieles davon sehr gute Musik ist? Das genügt doch.

Den 26. Juli aber triumphierte das Leben mit überzeugender Kraft über alle Bangnis, alle Todesnähe: Constanze gebar einen Sohn. Der Arzt, von Wolfgang in den letzten Tagen immer wieder gerufen und mit Fragen bestürmt, nannte ihn „durchaus lebensfähig", und auch Constanze befand sich außer jeder Gefahr.

Schikaneder lachte: „Nun, dann haben wir schon den ersten und den zweiten Knaben für unsere 'Zauberflöte'! Wie steht's denn damit?"

„Ich wollt, ich wär mit dem Requiem auch schon so weit fertig!" seufzte Wolfgang. Und ein Schatten fiel auf diesen heißen hellen Tag, die zwiefache Angst erwachte wieder in ihm: um das Leben des Kindes und um sein eigenes …

„Wolfgang Amadeus junior: Mozart Sohn sein“
ist der zweite Teil einer Trilogie, die wenig bekannten Künstlerpersönlichkeiten des frühen 19. Jahrhunderts nachspürt. Als erster Teil erschien 1998 Ludwig Lahers Text über den Hamburger Maler Victor Emil Janssen (1807-1845):

SELBSTAKT VOR DER STAFFELEI

Erzählung

13 x 21 cm, Hardcover mit Schutzumschlag, 112 Seiten

Aus Rezensionen:

„Laher ist von der Biographie Janssens ebenso fasziniert wie von seinem Werk, und es gelingt ihm ohne weiteres, diese Faszination auf den Leser zu übertragen. *Selbstakt vor der Staffelei* besitzt hohe emotionale Authentizität, ist nicht auf Effekt angelegt und weit weg vom intellektuellen Reißbrett. Es funkelt über weite Strecken in stilistischer Brillanz.“
(Neue Zürcher Zeitung)

„Nirgends macht er sich Janssen zum Objekt, er starrt ihn sozusagen nie an, er läßt sich vielmehr von ihm betrachten. Es ist ein nobles Buch geworden, vom Verlag entsprechend ausgestattet und illustriert. Ludwig Lahers Erzählung vom verschollenen Maler Janssen ist, im Sinn des Wortes, vorbildlich. Hier wurde genau geschaut und gut gesehen.“
(Literatur und Kritik)

„Belesen, kenntnisreich ist Laher, der Janssen mit dem elenden Büchner-Lenz gleichsetzt. Intensiv und kompetent ist seine Bildanalyse des Gemäldes *Selbstakt vor der Staffelei*, das Ausgangspunkt für seine Recherche gewesen ist.“
(Wetzlarer Zeitung)

„Die kursiven Einschübe und Zitate von Janssens Zeitgenossen und von Kunsthistorikern skizzieren mit der einfühlsamen Prosa Ludwig Lahers ein fiktives, aber sehr schlüssiges Bild eines künstlerischen Phänomens. *Selbstakt vor der Staffelei* (...) ist auch eine Auseinandersetzung mit dem Selbstbildnis an und für sich.“
(Wiener Zeitung)